HOUGHTON MIFFLIN HARCOURT

ESTÁNDARES·COMUNES

Libro de lecturas para escribir
Grado 3

Printed in the U.S.A.

ISBN 978-0-544-23109-2

1 2 3 4 5 6 7 8 9 10 0877 22 21 20 19 18 17 16 15 14 13

4500432990   A B C D E F G

¡Hazte un detective de la lectura!

¡Bienvenido a tu *Libro de lecturas para escribir*! Con este libro, te convertirás en un **detective de la lectura**. Buscarás pistas en cuentos y en selecciones de no ficción. Las pistas te ayudarán a:

- **disfrutar de los cuentos,**
- **comprender los textos de no ficción,**
- **responder preguntas y**
- **¡ser un gran lector!**

Un detective de la lectura puede resolver el misterio de cualquier selección de lectura. ¡Ninguna selección es demasiado difícil! Un detective de la lectura **hace preguntas**. Un detective de la lectura **lee con atención**.

Hacer preguntas y leer con atención te ayudará a **encontrar pistas**. Luego,

- **te detendrás**
- **pensarás y**
- **¡escribirás!**

¡Vamos a intentarlo! Sigue la pista . . .

¡Inténtalo!

El recuadro contiene el comienzo de un cuento. Lee con atención. Hazte preguntas:

▷ **¿De quién trata el cuento?**

▷ **¿Dónde y cuándo transcurre el cuento?**

▷ **¿Qué sucede?**

Busca pistas para responder a las preguntas.

> Logan estaba disfrutando de su paseo en bicicleta. Sentía la calidez del sol en la cara. Le llegaba el olor de la playa cercana. Oía a su papá tararear en la bicicleta de adelante. Hasta ese momento, Logan estaba teniendo un cumpleaños maravilloso.
>
> De repente, Logan se detuvo en seco.
>
> —¡Papá! —gritó—. ¡Mira eso!

Detente   Piensa   Escribe

¿Dónde y cuándo transcurre el cuento? ¿Cómo lo sabes?

Ser ca de la plaja

¿Leíste con atención? ¿Buscaste pistas? ¿Las pistas te ayudaron a responder a las preguntas? Si lo hicieron, ¡ya eres un **detective de la lectura!**

Contenido

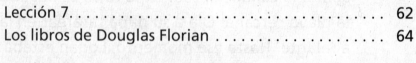

ciertamente

magnífico

orgulloso

recorrer

Atenas, Grecia

Marca la respuesta correcta.

1 Hace mucho tiempo en Atenas, Grecia, había muchos edificios bellos. El pueblo de Atenas estaba _____ de su ciudad.

☐ **dolorido**   ☐ **orgulloso**   ☐ **vacío**

2 La gente solía reunirse al aire libre. Los cuidadanos _____ las calles y se juntaban en el mercado. Allí solían hablar y discutir sobre ideas y arte.

☐ **recorrían**
☐ **pasaban por alto**
☐ **aceptaban**

3 Incluso en la actualidad, Atenas es _____ un lugar que merece ser visitado. Los visitantes disfrutan viendo las estatuas y los edificios del pasado.

☐ **solitario**   ☐ **especial**   ☐ **ciertamente**

Antiguo Imperio Griego
Macedonia   Tracia
Mar Negro
Imperio Persa
Atenas
Mar Mediterráneo
Esparta

4 **Describe cómo sería para ti un día magnífico.**

_____

_____

_____

5 **Describe un lugar que tú y tu familia hayan recorrido alguna vez.**

_____

_____

_____

Icos va a la escuela

por Margaret Maugenest

Mañana del 400 a. de C.
Atenas, Grecia

Doran trató de despertar al muchacho que dormía.

—Es hora de levantarse, Icos —dijo—. Va a hacer un día soleado y **magnífico**.

Icos bostezó y se dio la vuelta en la cama.

—Los días siempre son magníficos en Atenas —respondió—. ¿Y qué?

—Tienes que levantarte —contestó Doran con firmeza—. Es hora de ir a la escuela.

Detente Piensa Escribe

ESTRUCTURA DEL CUENTO

¿Dónde y cuándo ocurre la historia?

_____

_____

_____

4

Icos suspiró. Apenas había luz afuera y no quería levantarse. Le tomó un tiempo salir de la cama.

Doran caminó a la escuela con Icos. Doran era el siervo de Icos. Los dos **recorrieron** las calles en silencio.

Llegaron tarde a la escuela. El maestro ya estaba sentado en su alta silla. Icos se sentó en uno de los bancos del fondo, mientras que Doran permaneció afuera.

Detente Piensa Escribe

CAUSA Y EFECTO

¿Por qué no se apresura Icos a levantarse?

_____

_____

_____

5

El maestro le dio a cada estudiante un pequeño bloque de cera. Era hora de practicar la escritura. Icos buscó su estilete.

Doran entró con el estilete de Icos para que pudiera tallar las letras en la cera. Icos trataba de no bostezar. Estaba **orgulloso** de su pulcra escritura. Quería hacer un buen trabajo.

Detente Piensa Escribe

VOCABULARIO

¿Qué te sientes <u>orgulloso</u> de saber hacer bien?

_____

_____

_____

A este punto, Icos ya estaba bien despierto. Había llegado el momento de aprender un poema, pero este poema no estaba escrito. El maestro recitó cada uno de los versos y los estudiantes los repitieron.

El maestro le pidió a Icos que recitara todo el poema. Icos se levantó y habló con voz firme. No se olvidó ni de una palabra.

Doran volvió a entrar y se llevó el estilete.

—**Ciertamente**, ¡lo hiciste muy bien! —le dijo a Icos.

Detente Piensa Escribe

VOCABULARIO

¿Qué otra palabra con el mismo significado que <u>ciertamente</u> podría emplear Doran?

_____

_____

_____

Había llegado la hora de la clase de música. Uno de los estudiantes tocaba el arpa. Otro tocaba la flauta. Icos y otro estudiante cantaban.

Icos miró hacia donde se encontraban los siervos. Doran seguía el ritmo de la música con la cabeza. El maestro daba golpecitos con el pie.

"Parece ser que lo estamos haciendo muy bien", pensó Icos.

Detente   Piensa   Escribe

¿Qué le hace pensar a Icos que los estudiantes tocan bien?

_____

_____

_____

La tarde estaba reservada para los deportes. Los muchachos caminaron hasta la cancha de deportes. Sus siervos los acompañaron. La cancha estaba en las afueras de la ciudad.

Los muchachos se esforzaban mucho. Era importante tener un cuerpo fuerte. Competían en carreras. Hacían ejercicios de saltos. Los maestros de deportes los observaban a todos. Icos ganó una de las carreras y se puso muy contento.

Detente Piensa Escribe

ESTRUCTURA DEL CUENTO

¿Dónde practican deporte los muchachos?

_____

_____

_____

9

Por fin, el día escolar acabó. Icos y Doran caminaron juntos a casa.

—Ha sido un día completo —dijo Icos.

—Así es —contestó Doran—. Lo pasaste bien en la escuela, ¿verdad?

Icos sabía lo que Doran quería decir.

—Es verdad. ¡Trataré de no estar lento y malhumorado mañana por la mañana!

Detente Piensa Escribe

COMPRENDER A LOS PERSONAJES

¿Qué piensa Icos sobre lo sucedido durante el día?

_____

_____

_____

Vuelve a leer y responde

1 **Menciona una de las formas en que Doran ayuda a Icos.**

Pista

Busca pistas en las páginas 4, 6 y 7.

_____

_____

_____

2 **¿Cómo cambia Icos al final del cuento?**

Pista

Busca pistas en la página 10.

_____

_____

_____

3 **¿Qué pistas de las ilustraciones indican que el cuento tuvo lugar hace tiempo?**

Pista

Busca pistas en todas las páginas.

_____

_____

_____

¡Hazte un detective de la lectura!

Vuelve a

UNA ESCUELA MAGNÍFICA
por Sharon Creech • ilustrado por Harry Bliss

1 **¿Quién crea un problema en este cuento?**

"Una escuela magnífica"
Libro del estudiante,
págs. 15–33

☐ los maestros ☐ Tillie

☐ el Sr. Keene

¡Pruébalo! ¿Qué evidencia del cuento apoya tu respuesta? Marca las casillas. ☑ Toma notas.

Evidencia	Notas
☐ lo que hace infeliz a los personajes	
☐ lo que dicen y hacen los maestros	
☐ lo que dice y hace Tillie	
☐ lo que dice y hace el Sr. Keene	

¡Escríbelo!

ESTRUCTURA DEL CUENTO

Responde a la pregunta 1 usando evidencia del texto.

_____

_____

_____

_____

_____

_____

11A

2 **¿Cuándo se acercó Tillie al Sr. Keene?**

☐ justo después del primer sábado de clases

☐ justo después del primer domingo de clases

☐ el primer día de verano

¡Pruébalo! ¿Qué evidencia del cuento apoya tu respuesta? Marca las casillas. ☑ Toma notas.

Evidencia	Notas
☐ texto sobre el suceso	
☐ palabras distintivas	
☐ las ilustraciones	

¡Escríbelo!

SECUENCIA DE SUCESOS

Responde a la pregunta 2 usando evidencia del texto.

_____

_____

_____

_____

_____

_____

culpable

juicio

jurado

palabra

¿Qué pasa en una corte de justicia?

1 ¿Qué sucede cuando a una persona se la acusa de un crimen? Puede decir "No soy **culpable**". En la corte se intenta averiguar si esa persona dice la verdad.

¿Qué palabra se podría usar para decir que una persona no es culpable?

_____

2 En un **juicio** se les da a ambas partes la posibilidad de decir lo que creen que ha sucedido. Los abogados hacen preguntas para tratar de averiguar la verdad.

¿Por qué es importante escuchar a las dos partes en un juicio?

_____

_____

_____

3 Mucha gente trata de cumplir su **palabra** y ser honesta en la corte. Cuando se le hace una pregunta dice la verdad.

Escribe una palabra que signifique lo opuesto a ser honesto y cumplir su <u>palabra</u>.

_____

4 Un **jurado** está compuesto por doce personas. Ellas deciden si la persona cometió el crimen o no. Todos los miembros del jurado deben estar de acuerdo.

¿Por qué crees que hay doce personas en un <u>jurado</u>?

_____

_____

_____

El juicio a John Peter Zenger

por Lois Grippo

Una estampilla para Eastchester

Los estudiantes de la ciudad de Eastchester, Nueva York, quieren que se imprima una estampilla especial. Quieren una estampilla con el rostro de un hombre llamado John Peter Zenger. John Zenger tuvo que enfrentarse a un juicio en Eastchester. ¡Hubo un juicio en su contra por decir la verdad!

Detente Piensa Escribe

CONCLUSIONES

¿Por qué fue inusual el juicio contra John Peter Zenger?

_____

_____

_____

Un líder injusto

El juicio a John Zenger tuvo lugar en 1735. Estados Unidos todavía formaba parte de Inglaterra. El gobernador de Nueva York era un hombre llamado William Cosby. Los habitantes de Nueva York no eligieron a Cosby. Cosby fue enviado desde Inglaterra.

William Cosby no permitía que algunos hombres votaran, hecho que enfadó a muchos ciudadanos de Eastchester. Es por ello que querían que se supiera lo injusto que era Cosby.

Detente Piensa Escribe

INFERIR Y PREDECIR

¿Por qué la gente podría querer un gobernador elegido por ella misma?

_____

_____

_____

John Peter Zenger habla sobre el gobernador

John Peter Zenger era el director de un periódico, y en él escribió sobre William Cosby. Todos los que leían el periódico se enteraron de los injustos actos cometidos por William Cosby.

A consecuencia de ello, ¡el Gobernador Cosby envió a Zenger a la cárcel! Dijo que los artículos del periódico de Zenger eran pura invención, y que esas mentiras lo perjudicaban. Zenger pasó diez meses en la cárcel antes de poder defenderse en un juicio.

Imprenta

Detente Piensa Escribe

CONCLUSIONES

¿Consideras que William Cosby fue un buen gobernador? Explica tu respuesta.

_____

_____

_____

Juicio con jurado

Pero, por fin, llegó el día del juicio. Había un jurado encargado de determinar si Zenger era culpable de los cargos. ¿Difundió mentiras que perjudicaron al Gobernador Cosby? De ser así, el jurado tendría que decir que era culpable.

Los miembros del jurado oyeron en primer lugar la parte de la historia del gobernador. Oyeron sobre los artículos de Zenger en el periódico. Oyeron decir que nadie tenía el derecho de difundir cosas malas sobre el gobernador.

Detente   Piensa   Escribe

VOCABULARIO

¿Cuál era el papel del <u>jurado</u> en el juicio contra John Peter Zenger?

_____

_____

_____

La historia de Zenger

Un abogado se encargó de contar la parte de la historia de Zenger. Y una de las cosas que dijo fue:"Lo que acaban de escuchar es cierto. Los artículos del periódico decían cosas malas sobre el gobernador".

Pero el abogado no se detuvo allí. Dijo también:"No obstante, los artículos del periódico eran ciertos, doy **palabra** de ello. Decían la verdad sobre lo que hizo el Gobernador Cosby".

Detente   Piensa   Escribe

VOCABULARIO

¿Por qué tienen que tener <u>palabra</u> los periodistas cuando informan sobre cualquier noticia?

_____

_____

_____

Una gran decisión

Finalmente, ambos lados acabaron con su exposición. Los miembros del **jurado** pensaron en todo lo que habían oído, y luego tomaron una decisión.

Solamente les tomó diez minutos. ¡Dijeron que John Peter Zenger no era **culpable**!

Detente   Piensa   Escribe

INFERIR Y PREDECIR

¿Por qué crees que el jurado halló a John Peter Zenger no <u>culpable</u>?

_____

_____

_____

En recuerdo de un líder

John Peter Zenger fue un gran líder. Pero los miembros del jurado lo fueron también. Defendieron el derecho a decir la verdad.

Y ese es el motivo por el cual los estudiantes de Eastchester quieren la estampilla. Quieren hacernos recordar el juicio a John Peter Zenger. Quieren hacernos recordar un derecho que permite que nuestro país siga siendo sólido y fuerte.

Detente   Piensa   Escribe

CONCLUSIONES

¿Crees que la estampilla de John Peter Zenger es buena idea? Explica tu respuesta.

_____

_____

_____

1 ¿Por qué se considera a John Peter Zenger como un líder? Explica tu respuesta.

Pista

Busca pistas en las páginas 16 y 20.

_____

_____

_____

2 ¿Por qué crees que el jurado tardó apenas diez minutos para decidir que John Peter Zenger no era culpable?

Pista

Busca pistas en la página 18.

_____

_____

_____

3 ¿Cómo demuestran los niños de Eastchester que les importan las personas que vivieron en su pueblo en el pasado?

Pista

Busca pistas en la página 14.

_____

_____

_____

¡Hazte un detective de la lectura!

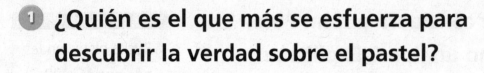

"El juicio de Cardigan Jones"
Libro del estudiante,
págs. 51–69

1 **¿Quién es el que más se esfuerza para descubrir la verdad sobre el pastel?**

☐ la Sra. Brown ☐ el juez ☐ el jurado

☐ otro _____

¡Pruébalo! ¿Qué evidencia del cuento apoya tu respuesta? Marca las casillas. ☑ Toma notas.

Evidencia	Notas
☐ lo que dice y hace la Sra. Brown	
☐ lo que dice y hace el juez	
☐ lo que dicen y hacen los miembros del jurado	
☐ las ilustraciones	

¡Escríbelo!

CONCLUSIONES

Responde a la pregunta 1 usando evidencia del texto.

_____

_____

_____

_____

2 **¿Por qué el pastel se cayó en los arbustos?**

☐ El juez lo puso allí.

☐ Se le cayó a la Sra. Brown por error.

☐ Cardigan lo volteó con sus cuernos.

¡Pruébalo! ¿Qué evidencia del cuento apoya tu respuesta? Marca las casillas. ☑ Toma notas.

Evidencia	Notas
☐ lo que sucede en la sala de audiencias	
☐ lo que dice y hace el juez	
☐ las ilustraciones	
☐	

¡Escríbelo!

CAUSA Y EFECTO

Responde a la pregunta **2** usando evidencia del texto.

_____

_____

_____

_____

✓ **VOCABULARIO CLAVE**

cliente

contactar

ganar

ocurrir

Vecinos trabajando juntos

1 Un barrio puede ser una calle. También puede ser más de una calle. A los buenos vecinos siempre se les **ocurre** alguna manera de ayudar a los demás.

Escribe sobre alguna vez que tuvieras que ayudar a alguien y no se te ocurría cómo hacerlo.

_____

_____

_____

2 Algunas personas querían que su barrio se viera mejor. Así que cada uno **contactó** a sus vecinos y se reunieron para hablar sobre lo que podrían hacer.

¿Cómo te contactas con tus amigos?

_____

_____

_____

3 Muchos vecinos querían colocar grandes macetas en las esquinas de las calles. Las macetas eran caras y algunas personas no iban a **ganar** mucho dinero este año. ¿Cómo podrían pagar las macetas?

¿Qué podrías hacer tú para <u>ganar</u> dinero?

_____

_____

_____

4 Los vecinos hicieron una venta de garaje y todos llevaron cosas para vender. Fueron muchos **clientes** y los vecinos ganaron dinero. ¡Ahora podrían comprar las macetas!

¿Cómo podrían lograr los vecinos que a la venta de garaje fueran muchos <u>clientes</u>?

_____

_____

_____

¡No sólo un poquito!

por
Lois Grippo

A Bob le encantaba cocinar cosas ricas. En su granja cultivaba trigo y verduras. Criaba gallinas y las empleaba para hacer comidas deliciosas. Aun así, le resultaba aburrido cocinar sólo para él. No era nada divertido comer solo.

Bob quería compartir su comida con los vecinos. Quería sentarse alrededor de una gran mesa y reír y pasarlo bien.

Detente   Piensa   Escribe

COMPRENDER A LOS PERSONAJES

¿Por qué quiere Bob comer con sus vecinos?

_____

_____

_____

Bob llamó a su vecino Luis.

—¿Vienes a mi casa a cenar? —preguntó Bob.

—No puedo dejar la tienda ahora —dijo Luis—. Hoy cierro tarde para tratar de **ganar** más dinero.

Luis vendía frutas y verduras, y nunca desperdiciaba el tiempo hablando o divirtiéndose. Así que Bob llamó a sus otros vecinos. Pero estaban todos ocupados también. Bob se sentó en su porche y se puso a pensar. Trató de ver si se le **ocurría** una manera de reunir a todos sus vecinos.

Detente Piensa Escribe

VOCABULARIO

¿Cómo gana dinero Luis?

_____

_____

_____

Fue así que a Bob se le ocurrió un plan.
Cocinó un pollo tan bien que olía riquísimo.
Luego agarró la olla y se fue al parque.

Por el camino pasó por la tienda de Luis.
La puerta estaba abierta, por lo que Luis
pudo oler la comida de la olla.

—¿Qué es eso que huele tan bien?
—preguntó Luis.

—Es el pollo que llevo en la olla
—respondió Bob.

Detente Piensa Escribe

INFERIR Y PREDECIR

¿Por qué crees que Bob no se come el pollo en su casa?

_____

_____

_____

—Hay un picnic a las cuatro de la tarde — prosiguió Bob—. ¡Así que no faltes! Trae algo de comida e invita a tus **clientes** también.

—Estoy demasiado ocupado para ir a un picnic. Tengo que trabajar —dijo Luis. Pero luego volvió a oler el contenido de la olla—. Tal vez cierre la tienda temprano y lleve un poquito de maíz al picnic.

—¡No, no! ¡No sólo un poquito! —contestó Bob—. Trae un montón de maíz.

Detente   Piensa   Escribe

VOCABULARIO

Menciona tres cosas que podrían comprar los <u>clientes</u> en la tienda de Luis.

_____

_____

_____

Bob siguió su camino hacia el parque y se detuvo en la biblioteca. Se detuvo en la ferretería. Todo el mundo pudo oler la olla de comida de Bob y todos querían ir al picnic.

Finalmente, Bob llegó al parque y puso la olla sobre una mesa. Lee, un vecino de Bob, pasó por allí.

Detente   Piensa   Escribe

¿Por qué se detiene Bob en la biblioteca y en la ferretería?

_____

_____

_____

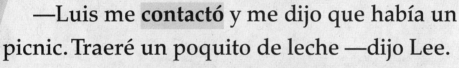

—Luis me **contactó** y me dijo que había un picnic. Traeré un poquito de leche —dijo Lee.

—¡No, no! ¡No sólo un poquito! —contestó Bob—. Trae un montón de leche.

Lee volvió al parque a las cuatro de la tarde y llevó un montón de leche. Luis también llegó al parque y llevó un montón de maíz.

Detente **Piensa** **Escribe**

VOCABULARIO

¿Cómo crees que Luis contactó a Lee?

_____

_____

_____

Cada vez iba llegando más gente al picnic, y todos traían un montón de comida. Poco a poco, el picnic se convirtió en una gran fiesta.

Todo el mundo se divirtió, habló con los demás y se rieron juntos. Bob se sentía feliz. Su plan había salido a la perfección.

Detente   Piensa   Escribe

RESUMIR

¿Cuál era el plan de Bob?

_____

_____

_____

Vuelve a leer y responde

1 Escribe tres cosas que puedas decir sobre Bob.

Pista
Busca pistas en la página 24.

_____

_____

_____

2 Escribe dos cosas que puedas decir sobre Luis.

Pista
Busca pistas en la página 25.

_____

_____

_____

3 ¿En qué se parecen Bob y Luis?

Pista
Mira las páginas 26 y 27. ¿Crees que a Luis le gusta comer cosas ricas?

_____

_____

31

¡Hazte un detective de la lectura!

"El regalo de Destiny"
Libro del estudiante,
págs. 87–109

1 **¿Cómo se siente la Sra. Wade acerca de Destiny al final del cuento?**

☐ preocupada ☐ agradecida ☐ orgullosa

☐ otro _____

¡Pruébalo! ¿Qué evidencia del cuento apoya tu respuesta? Marca las casillas. ☑ Toma notas.

Evidencia	Notas
☐ lo que dice y hace Destiny	
☐ lo que dice y hace la Sra. Wade	
☐ las ilustraciones	
☐	

¡Escríbelo!

ENTENDER A LOS PERSONAJES

Responde a la pregunta **1** usando evidencia del texto.

_____

_____

_____

_____

_____

31A

2 **Es posible que la Sra. Wade tenga que cerrar su librería.** ¿Se resuelve este problema al final del cuento?

☐ sí   ☐ no

¡Pruébalo! ¿Qué evidencia del cuento apoya tu respuesta? Marca las casillas. ☑ Toma notas.

Evidencia	Notas
☐ lo que dice y hace Destiny	
☐ lo que dice y hace la Sra. Wade	
☐ lo que dicen los padres de Destiny	
☐ las ilustraciones	

¡Escríbelo!

ESTRUCTURA DEL CUENTO

Responde a la pregunta **2** usando evidencia del texto.

_____

_____

_____

_____

_____

_____

agitación

equipo

extenderse

hacer equilibrio

Trabajando juntos

Está a punto de abrirse un nuevo parque, pero antes se debe hacer un sendero natural. El **equipo** de ayudantes prepara el terreno para hacerlo.

Por el sendero pasa un arroyo. Los ayudantes van a construir un puente que **se extenderá** a través del arroyo.

El guardabosques coloca un tronco sobre el arroyo. **Hace equilibrio** para cruzar, y no se cae.

Los ayudantes colocan más troncos y usan cuerdas para mantenerlos juntos. Al poco tiempo, el puente está terminado. Entre los trabajadores hay **agitación** y entusiasmo.

1 Un _____ de

personas puede construir un puente.

Trabajan juntos para construirlo.

2 Entre los trabajadores hay

_____ y entusiasmo

cuando terminan de hacer el puente.

3 Una persona que no pudiera

_____ se caería.

4 ¿Cómo sabes si hay <u>agitación</u> y

entusiasmo entre un grupo de personas?

_____

_____

_____

5 ¿Por qué <u>se extenderá</u> el puente de un

lado al otro del arroyo?

_____

_____

_____

La construcción del nuevo establo

por Margaret Maugenest

La granjera observa su establo. Hubo una vez en que el establo se veía bien. Los tablones de madera estaban rectos y el techo era fuerte y recio.

Ahora, sin embargo, el establo está viejo. Las tablas están combadas y el techo se hunde. La pintura está descascarada.

La granjera no está contenta. Quiere construir un nuevo establo.

Detente   Piensa   Escribe

COMPARAR Y CONTRASTAR

¿Cómo se veía el establo cuando era nuevo? ¿Cómo se ve ahora?

_____

_____

_____

El comienzo

Llega un **equipo** de ayudantes. Algunos de los trabajadores son del pueblo. Otros vienen de las granjas colindantes. ¡Todos están preparados para trabajar!

Primero, echan abajo el viejo establo. Unos trabajadores retiran las tablas usadas.

Otros se dedican a talar algunos de los árboles cercanos. Sierran los troncos para hacer tablas, que se emplearán en la construcción del nuevo establo.

Detente **Piensa** **Escribe**

VOCABULARIO

¿Cómo ayuda un equipo cuando hay muchas tareas que hacer?

_____

_____

_____

35

¡Todo el mundo colabora!

Algunos van a construir el establo. Pero hay otros trabajos también. A los trabajadores les entrará hambre, así que algunas personas van a prepararles el almuerzo.

Algunos trabajadores trajeron a sus hijos. Los niños miran y aprenden cómo se construye un establo. Es posible que incluso un día ellos construyan uno.

Detente Piensa Escribe

IDEA PRINCIPAL Y DETALLES

¿Por qué no ayudan todos a construir el establo?

_____

_____

_____

_____

Comienza el trabajo

Para comenzar, los trabajadores colocan grandes bloques de piedra en el suelo. Esos bloques constituirán la base del establo.

A continuación, los trabajadores forman la estructura o armazón de las paredes. Miden la madera y la sierran en trozos.

El **equipo** une los trozos de madera con clavos. Los clavos son de metal, aunque a veces utilizan clavijas. Las clavijas son de madera.

Detente Piensa Escribe

COMPARAR Y CONTRASTAR

Compara los clavos y las clavijas. ¿En qué se parecen y en qué se diferencian?

_____

_____

_____

Paso a paso

Poco después es hora de montar el establo. Los trabajadores alzan la estructura a mano. Es un trabajo duro. Necesitan ayuda, así que otros trabajadores usan largos postes para empujar y colocar la estructura en su lugar.

A continuación viene el techo. Algunos de los trabajadores se suben a la estructura. Tienen que **hacer equilibrio**, mantenerse de pie sobre la estructura y evitar caerse.

Detente Piensa Escribe

IDEA PRINCIPAL Y DETALLES

¿Cómo se levanta la estructura y se coloca en su lugar?

_____

_____

_____

Los trabajadores alzan largos tablones de madera. Los tablones **se extenderán** a lo largo del techo del establo. Los tablones encajan en las ranuras de la estructura.

Todas las partes se fijan con clavos. De esa forma, el techo quedará muy fuerte. Los techos de algunos establos son inclinados, mientras que otros son curvos. Este techo es curvado.

Detente Piensa Escribe

SECUENCIA DE SUCESOS

¿Qué pasa después de que los trabajadores encajan los tablones de madera en la estructura?

_____

_____

_____

39

¡Un nuevo establo!

Los trabajadores se detienen para almorzar. Luego regresan al trabajo. Es casi de noche cuando el martillo introduce el último clavo en su lugar. Hay **agitación** entre los trabajadores. Se sienten alegres y sonríen. ¡El establo está construido!

El nuevo establo se ve magnífico. La granjera está muy contenta y da las gracias a todo el mundo.

Los trabajadores están cansados. Caminan hacia sus carros y camionetas y se dirigen a casa.

Detente   Piensa   Escribe

CAUSA Y EFECTO

¿Por qué hay tanta <u>agitación</u> entre los trabajadores?

_____

_____

_____

Vuelve a leer y responde

1 Compara lo que hacen los niños con lo que hacen los adultos.

Pista

Busca pistas en la página 36.

_____

_____

2 ¿Cómo se siente la granjera al principio del relato? ¿Cómo se siente al final? ¿Por qué?

Pista

Busca pistas en las páginas 34 y 40.

_____

_____

_____

3 ¿Cómo crees que empezaron a aprender a construir establos los trabajadores del equipo?

Pista

Busca pistas en la página 36.

_____

_____

_____

¡Hazte un detective de la lectura!

"El puente de papá"
Libro del estudiante,
págs. 127–149

1 **¿De qué manera cambia Robert al final del cuento?**

☐ Se siente orgulloso de su padre.

☐ Se da cuenta que el trabajo del Sr. Shu importa.

☐ Es más valiente que antes.

¡Pruébalo! ¿Qué evidencia del cuento apoya tu respuesta? Marca las casillas. ☑ Toma notas.

Evidencia	Notas
☐ por qué llama al puente "el puente de Papá"	
☐ cómo se siente después del accidente	
☐ lo que hace con la última pieza del rompecabezas	

¡Escríbelo!

COMPARAR Y CONTRASTAR

Responde a la pregunta 1 usando evidencia del texto.

_____

_____

_____

_____

41A

2 **Robert cuenta su historia.** ¿Qué detalle les cuenta Robert a los lectores que ningún otro personaje podría contarles?

- ☐ cuál es el trabajo de su papá
- ☐ por qué escondió la última pieza del rompecabezas
- ☐ lo que las personas comieron en la fiesta

¡Pruébalo! ¿Qué evidencia del cuento apoya tu respuesta? Marca las casillas. ☑ Toma notas.

Evidencia	Notas
☐ lo que Robert piensa, dice y hace	
☐ lo que Charlie dice y hace	
☐ las ilustraciones	

¡Escríbelo!

PUNTO DE VISTA

Responde a la pregunta **2** usando evidencia del texto.

_____

_____

_____

_____

_____

_____

41B

aficionado

liga

pronunciar

tribuna

El béisbol

1 La primera **liga** de béisbol tenía nueve equipos. Empezaron a jugar entre sí en 1871. En la actualidad, en las Grandes Ligas de Béisbol hay dos ligas.

¿En qué tipo de liga deportiva te gustaría jugar?

_____

_____

_____

2 Los **aficionados** apoyan a sus equipos de béisbol favoritos. Los aficionados se vuelven locos cuando su equipo consigue hacer una carrera.

¿Son tus amigos y tú aficionados a algo? Explica tu respuesta.

_____

_____

_____

_____

3 Los mejores equipos de las ligas juegan en la Serie Mundial. En 2007, los Red Sox de Boston jugaron contra los Rockies de Colorado. El locutor tiene que **pronunciar** el nombre de todos los jugadores antes de cada juego.

Escribe sobre alguna vez en que alguien, al <u>pronunciar</u> tu nombre, lo dijera mal.

_____

_____

_____

4 La gente se sienta en la **tribuna** para ver los partidos de béisbol. Los aficionados pueden comprar bebidas o comida para consumir mientras ven el juego.

¿Qué comerías en la <u>tribuna</u> durante un partido de béisbol?

_____

_____

_____

¡Que comience el juego!

por Lois Grippo

Béisbol para jóvenes

A los jóvenes de todo Estados Unidos les encanta jugar al béisbol. En la mayoría de los pueblos y ciudades hay una **liga** para niños. Los equipos juegan al béisbol en primavera y verano.

En los equipos participan muchachos y muchachas, y juegan contra los equipos de los pueblos vecinos. Los amigos y las familias de los jugadores observan desde las **tribunas**.

Detente Piensa Escribe

VOCABULARIO

¿Cuál es la diferencia entre una <u>liga</u> y un equipo?

_____

_____

_____

El comienzo de la Liga de Béisbol Infantil

Las ligas infantiles de béisbol no han existido siempre. Un hombre llamado Carl Stotz inició la Liga de Béisbol Infantil hace 70 años. A Carl le encantaba el béisbol y pensaba que era un buen juego para los muchachos. Era una forma muy buena de enseñarles a jugar en equipo.

Los vecinos de Carl lo creían también. Recaudaron $35 para formar tres equipos. Convencieron a las tiendas para que donaran los uniformes. Carl lo llamó la Liga de Béisbol Infantil.

Detente   Piensa   Escribe

CAUSA Y EFECTO

¿Cómo ayudaron los vecinos de Carl a iniciar la Liga de Béisbol Infantil?

_____

_____

_____

La Liga de Béisbol Infantil entonces y ahora

El primer partido de la Liga Infantil se jugó el 6 de junio de 1939. El equipo de Maderas Lundy jugó contra Lácteos Lycoming. Ganó Maderas Lundy.

En la actualidad hay equipos de la Liga Infantil jugando en todos los estados. También juegan en más de 80 países. La Liga de Béisbol Infantil es el programa de deportes organizado más grande del mundo.

Detente Piensa Escribe

CONCLUSIONES

¿Crees que la Liga de Béisbol Infantil es más popular ahora que en 1939? Explica tu respuesta.

_____

_____

_____

Aprendizaje de destrezas

Los jugadores de béisbol aprenden muchas destrezas. Deben golpear la pelota con el bate. Deben correr muy rápido alrededor de las bases. Los jugadores deben atrapar la pelota. Tienen que tocar a los corredores y lanzar la pelota a otros jugadores.

Un jugador no puede ganar el partido por sí solo. Los muchachos aprenden a trabajar en equipo. Se entrenan y mejoran sus destrezas. También aprenden a contar con los demás.

Detente Piensa Escribe

CAUSA Y EFECTO

Cuando los jugadores se entrenan en equipo, ¿cuáles son algunos aspectos en los que mejoran?

_____

_____

_____

Hacia las Grandes Ligas

Algunos grandes jugadores de béisbol comenzaron en la Liga Infantil. Uno de ellos fue Cal Ripken, Jr. Cal jugó para los Baltimore Orioles.

A los **aficionados** de Baltimore les encantaba Ripken. Lo aclamaban cuando el presentador **pronunciaba** su nombre. ¡Ripken jugó 2,632 partidos seguidos! Forma parte del Salón de la Fama del Béisbol.

Detente Piensa Escribe

VOCABULARIO

¿Cómo demostraron los <u>aficionados</u> que apreciaban a Cal Ripken?

_____

_____

_____

La vida después de la Liga Infantil

Muchos de los jugadores de la Liga Infantil no se convierten en grandes jugadores de béisbol. Algunos pasan a desempeñar importantes trabajos. Krissy Wendell se convirtió en una gran jugadora de hockey. Su equipo ganó la medalla de plata en los Juegos Olímpicos.

Un jugador de la Liga Infantil ¡incluso se convirtió en Vicepresidente de los Estados Unidos! La Liga Infantil enseña destrezas de equipo. Los muchachos pueden emplear estas destrezas a lo largo de toda su vida.

Detente Piensa Escribe

CONCLUSIONES

Escribe sobre algún trabajo en el que sea importante trabajar en equipo. Explica tu respuesta.

_____

_____

_____

¿Quiénes pueden participar en la Liga Infantil?

- Pueden participar niños y niñas de nueve a doce años.
- Al principio sólo podían jugar los niños.
- Desde 1974 las niñas también pueden participar.

Jugadores de la Liga Infantil en el Salón de la Fama del Béisbol

Nolan Ryan: Lanzador, Texas Rangers

Tom Seaver: Lanzador, New York Mets

Carl Yastrzemski: Jardinero, Boston Red Sox

Johnny Bench: Receptor, Cincinnati Reds

Roberto Clemente: Jardinero, Pittsburgh Pirates

Detente Piensa Escribe

INFERIR Y PREDECIR

¿Qué crees que debe hacer un jugador para ingresar en el Salón de la Fama del Béisbol?

Vuelve a leer y responde

1 ¿Qué efecto consideras que tienen los aficionados sobre la forma de jugar de los equipos de béisbol?

Pista
Piensa en cómo te sentirías si la gente te animara.

_____

_____

_____

2 ¿Por qué pensaba Carl Stotz que el béisbol era bueno para los niños?

Pista
Busca en la página 45.

_____

_____

_____

3 ¿Cómo sabes que los vecinos de Carl pensaban que la Liga de Béisbol Infantil era una buena idea?

Pista
Busca en la página 45.

_____

_____

_____

¡Hazte un detective de la lectura!

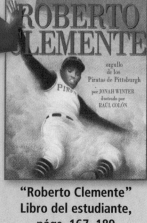

Vuelve a

"Roberto Clemente"
Libro del estudiante,
págs. 167–189

1 **¿Por qué Roberto Clemente llegó a Pittsburgh por primera vez?**

☐ Le pidieron que formara parte del equipo de los Piratas.

☐ Los Piratas eran un equipo exitoso.

☐ Era muy conocido en Estados Unidos.

¡Pruébalo! ¿Qué evidencia de la selección apoya tu respuesta? Marca las casillas. ☑ Toma notas.

Evidencia	Notas
☐ detalles sobre la niñez de Clemente	
☐ detalles sobre el comienzo de su carrera	
☐ detalles sobre los Piratas de Pittsburgh	

¡Escríbelo!

CAUSA Y EFECTO

Responde a la pregunta **1** usando evidencia del texto.

_____

_____

_____

_____

2 **¿Cuál fue el principal propósito del autor para escribir la selección?**

☐ contar una historia de la vida de alguien

☐ contar sobre el béisbol

☐ convencer a los lectores de que miren partidos de béisbol

¡Pruébalo! ¿Qué evidencia de la selección apoya tu respuesta? Marca las casillas. ☑ Toma notas.

Evidencia	Notas
☐ las palabras y acciones de Clemente	
☐ fechas y nombres de los lugares	
☐ lo que los demás decían sobre Clemente	

¡Escríbelo!

PROPÓSITO DEL AUTOR

Responde a la pregunta 2 usando evidencia del texto.

_____

_____

_____

_____

_____

_____

dormitar
chillido
deslizarse
abalanzarse

Animales nocturnos

Los murciélagos no son los únicos animales que están activos de noche.

El búho **se abalanza** a través de la oscuridad en búsqueda de comida. Se alimenta de otros animales que salen de noche. El búho podría alimentarse de una pequeña víbora que **se desliza** por el suelo. La víbora **dormita** durante el día.

La mayoría de los animales nocturnos tienen buena vista y buena audición. Pueden ser buenos cazadores nocturnos. Están más seguros también de noche.

Puedes encontrar erizos, mapaches, y zorros despiertos de noche. El **chillido** de un ratón te avisa que también está despierto de noche.

1 Cuando se mueve una víbora, se

_____ porque no

tiene patas.

2 Si escuchas un _____,

podría ser el juguete de un gato, una vieja

silla o un ratón.

3 Alguien que _____

en clase, ¡no aprenderá mucho!

4 ¿Qué puedes decir sobre un animal que

se desliza?

_____

_____

_____

Los búhos

por Linda Vazquez

Existen unos 200 tipos de búhos en el mundo. Algunos son grandes. Otros son pequeños. El búho más grande de América del Norte es el gran búho gris. Puede llegar a medir tres pies. El búho más pequeño probablemente es el búho enano. Pesa casi lo mismo que una rebanada de pan.

Los búhos comen pequeños mamíferos, insectos, pájaros y víboras. Pueden atrapar un animal que vuela, corre o **se desliza**. Algunos búhos hasta cazan peces. La mayoría de los búhos caza de noche.

Detente   Piensa   Escribe

COMPARAR Y CONTRASTAR

¿En qué se parecen el gran búho gris y el búho enano? ¿En qué se diferencian?

_____

_____

_____

De caza

Hay varias razones por las cuales los búhos cazan de noche. Ven mejor de noche que la mayoría de los animales. También escuchan mejor. Su color hace que sean difíciles de ver de noche.

Un búho puede esperar en una rama hasta que escucha o ve un animal pequeño. Cuando un búho vuela, es silencioso. Un animal pequeño no puede escuchar al búho cuando **se abalanza** hacia él.

Detente Piensa Escribe

SECUENCIA DE SUCESOS

¿Qué hace un búho después de ver un animal pequeño?

_____

_____

_____

La visión

Los búhos tienen ojos muy grandes. Esto ayuda a que vean mejor en la oscuridad. La mayoría de las aves tiene ojos a los costados de su cabeza, pero los búhos los tienen al frente. Pueden ver exactamente cuán lejos se encuentra su presa.

Un búho no puede mover sus ojos. En cambio, mueve su cabeza. Puede mover su cabeza para mirar hacia atrás, aunque esté volando.

Detente   Piensa   Escribe

IDEA PRINCIPAL Y DETALLES

¿Qué características inusuales tienen los ojos de un búho?

_____

_____

_____

La audición

Si observas la cara de un búho, verás un círculo de plumas alrededor de sus ojos. Esas plumas envían sonidos a los oídos de los búhos. El búho puede escuchar sonidos que no escuchan las personas.

Algunos búhos tienen las orejas ubicadas en diferentes partes de la cabeza. Oyen de un oído más rápido que del otro. Esto les ayuda a saber dónde está ubicado un animal. ¡Ellos usan sus oídos de la manera en que nosotros usamos nuestros ojos!

Detente   Piensa   Escribe

CAUSA Y EFECTO

¿Cómo puede saber un búho dónde está ubicada su presa?

_____

_____

_____

La alimentación

El pico de un búho es filoso. También lo son sus largas y fuertes garras. Cuando atrapa un animal, el búho lo aplasta con sus garras y lo despedaza con su pico.

Se traga el animal entero. Luego, escupe una bolita con restos de piel y huesos.

Detente Piensa Escribe

SECUENCIA DE SUCESOS

¿Qué hace un búho luego de atrapar un animal?

_____

_____

_____

Los polluelos

Los búhos no construyen sus nidos. Pueden llegar a ocupar el nido viejo que otra ave construyó. Pueden vivir en los agujeros de los árboles, las zanjas o en la cornisa de algún edificio.

Los búhos bebés son llamados polluelos. Los huevos no rompen al mismo tiempo, así que los polluelos en una familia pueden ser de diferentes tamaños. Los polluelos tienen mucho apetito. Si tienes polluelos cerca, podrías llegar a escuchar sus **chillidos** toda la noche pidiendo comida.

Detente Piensa Escribe

VOCABULARIO

¿Qué pueden significar los <u>chillidos</u> de los polluelos de búho?

_____

_____

_____

¿Quién ulula en la noche?

Mientras el vecindario **dormita**, los búhos están ocupados. Es probable que hayas escuchado un ulular durante la noche, o quizás hayas escuchado a un búho gritar o hasta silbar.

En el pasado, algunas personas pensaban que los búhos eran muy sabios. Otras personas pensaban que traían mala suerte.

Las personas hoy en día aún hallan a los búhos misteriosos. Pero una cosa que sí sabemos con seguridad es que los búhos ayudan a deshacernos de las plagas.

Detente   Piensa   Escribe

CONCLUSIONES

¿Por qué las personas creen que los búhos son misteriosos?

_____

_____

_____

Vuelve a leer y responde

1 Escribe el orden en el que ocurren los sucesos cuando un búho va de caza.

Pista

Busca pistas en las páginas 55 y 58.

_____

_____

_____

2 ¿Por qué los polluelos pueden ser de diferentes tamaños en una misma familia?

Pista

Busca pistas en la página 59.

_____

_____

_____

3 ¿Qué tipo de sonidos emiten los búhos?

Pista

Busca pistas en las páginas 59 y 60.

_____

_____

_____

¡Hazte un detective de la lectura!

Vuelve a

"A Murciélago le encanta la noche"
Libro del estudiante,
págs. 211–225

1 ¿Qué sucede luego de que Murciélago se come la polilla?

☐ Ella estornuda. ☐ Ella grita.

☐ Ella escucha con atención.

¡Pruébalo! ¿Qué evidencia de la selección apoya tu respuesta? Marca las casillas. ☑ Toma notas.

Evidencia	Notas
☐ cómo usa Murciélago su audición	
☐ el texto sobre los sucesos	
☐ las ilustraciones	
☐	

¡Escríbelo!

SECUENCIA DE SUCESOS

Responde a la pregunta **1** usando evidencia del texto.

_____

_____

_____

_____

② **¿Por qué Murciélago regresa a su casa?**

☐ Necesita encontrar comida.

☐ No se siente bien.

☐ Se aproxima la luz del día.

¡Pruébalo! ¿Qué evidencia de la selección apoya tu respuesta? Marca las casillas. ☑ Toma notas.

Evidencia	Notas
☐ cómo consigue Murciélago su comida	
☐ detalles sobre el día y la noche	
☐ cuando Murciélago se despierta y se duerme	
☐ las ilustraciones	

¡Escríbelo!

CAUSA Y EFECTO

Responde a la pregunta ② usando información del texto.

_____

_____

_____

_____

_____

_____

boceto

ilustrar

imaginar

instrumento

Palabras y dibujos en libros

Marca la respuesta correcta.

1 Un artista puede _____ un cuento con dibujos. Los dibujos ayudan a comprender el cuento.

☐ **ilustrar**   ☐ **murmurar**   ☐ **agarrar**

2 Un artista puede dibujar algo de la vida real. Un artista puede _____ algo para dibujar. Entonces hace un dibujo de algo inventado.

☐ **levantar**   ☐ **estirar**   ☐ **imaginar**

3 Algunos artistas hacen primero unos dibujos rápidos. Estos _____ por lo general no muestran muchos detalles.

☐ **clientes**   ☐ **bocetos**   ☐ **instrumentos**

4 ¿Qué <u>instrumentos</u> de dibujo es probable que tengas en tu casa?

_____

_____

_____

5 ¿Cómo podrías <u>ilustrar</u> un cuento sobre árboles?

_____

_____

_____

¡cro, cro!

Los libros de Douglas Florian
por Gail Mack

El niño al que le encantaba dibujar

Douglas Florian no era el primer artista de su familia. El primero fue su papá.

Al papá de Douglas le encantaba hacer **bocetos** de cosas de la naturaleza. Él le enseñó a Douglas a dibujar. También le enseñó a mirar la naturaleza con detenimiento.

Detente   Piensa   Escribe   INFERIR Y PREDECIR

¿Qué cosas de la naturaleza se pueden dibujar o pintar?

_____

_____

_____

Douglas se divertía dibujando. Cuando tenía diez años participó en un concurso de dibujo infantil. Su dibujo ganó el segundo premio. Como premio obtuvo un par de patines.

Detente   Piensa   Escribe

CAUSA Y EFECTO

¿Por qué ganó Douglas un premio?

_____

_____

_____

65

Estudiante de arte

Un verano, Douglas tomó una clase de arte. La clase le encantó. En ella aprendió a usar diferentes **instrumentos** de arte. Los artistas usan muchos instrumentos. Pueden utilizar pintura o pluma y tinta. Incluso pueden usar tiza.

Douglas apenas tenía quince años. Pero a esa edad, ya sabía qué quería ser de mayor. Iba a ser un artista.

Detente   Piensa   Escribe

¿Qué tipos de <u>instrumentos</u> podría usar un artista?

_____

_____

_____

Un artista en acción

Douglas llegó a ser un artista. Comenzó a vender sus dibujos a revistas y periódicos. También hacía ilustraciones para libros infantiles.

Al principio, se encargaba de **ilustrar** los cuentos de otras personas. Pero después comenzó a escribir sus propios relatos. Sus primeros libros trataban sobre la naturaleza. Douglas los llenaba de dibujos de cosas como ranas, tortugas y caracolas.

Detente **Piensa** **Escribe**

VOCABULARIO

¿Qué es lo que se hace cuando se <u>ilustra</u> un cuento?

_____

_____

_____

Autor de poemas

Un día, Douglas se topó con un libro de poemas chistosos. Al pasar y leer las páginas sonreía, y pensó: "Sería divertido hacer un libro así".

Con esa idea, se puso a escribir unos cuantos poemas. En ellos empleaba sonidos graciosos y palabras tontas. Escribió suficientes poemas como para completar un libro. Luego, hizo algunos dibujos para los poemas.

¡cu-cu, cu-cu!

Detente   Piensa   Escribe

CARACTERÍSTICAS DE TEXTOS Y DE LOS ELEMENTOS GRÁFICOS

¿Cómo muestra el dibujo un sonido gracioso?

_____

_____

_____

Ganador de un concurso

A Douglas le gustaba **imaginar** animales de ficción. Incluso escribió un libro de poemas sobre ellos. Más tarde, escribió un libro de poemas sobre animales reales titulado *El banquete de la bestia*. Sus libros tuvieron un éxito rotundo. Uno de ellos ¡hasta ganó un premio!

A Douglas todavía le encanta hacer arte y escribir poemas. Sus libros hacen reír a los niños.

Detente   Piensa   Escribe

CARACTERÍSTICAS DE TEXTOS Y DE LOS ELEMENTOS GRÁFICOS

¿Qué detalle del texto muestra la ilustración de esta página?

_____

_____

_____

Cronología de Douglas Florian

Esta línea cronológica muestra importantes sucesos de la vida de Douglas Florian.

1950 Nacimiento de Douglas Florian.

1960 Gana el segundo premio en un concurso de arte.

1965 Decide llegar a ser un artista.

Alrededor de 1970 Estudia arte en la universidad.

1994 Se publica su libro de poemas *El banquete de la bestia*.

1995 *El banquete de la bestia* obtiene el Premio de Poesía Lee Bennett Hopkins.

Detente Piensa Escribe

CARACTERÍSTICAS DE TEXTOS Y DE LOS ELEMENTOS GRÁFICOS

¿Sobre qué suceso de la línea cronológica no has leído en ningún lugar de este relato?

_____

_____

_____

Vuelve a leer y responde

1 ¿Qué hizo Douglas Florian después de hacer dibujos para los cuentos de otras personas?

Pista

Busca pistas en la página 67.

_____

_____

_____

2 ¿Cómo lo ayudó el papá a Douglas Florian a convertirse en artista?

Pista

Busca pistas en la página 64.

_____

_____

_____

3 Escribe tres palabras que describan el trabajo artístico de Douglas Florian. Explica tu respuesta.

Pista

Busca pistas en todas las páginas.

_____

_____

_____

71

¡Hazte un detective de la lectura!

Vuelve a

¿Qué hacen los ilustradores?

escrito y ilustrado por
Eileen Christelow

"¿Qué hacen los ilustradores?"
Libro del estudiante,
págs. 243–261

1 **¿Qué dos cosas muestra la maqueta de un libro?**

☐ el tamaño y forma de un libro

☐ los bosquejos de los dibujos

☐ el plan de diseño completo en una sola página

¡Pruébalo! ¿Qué evidencia de la selección apoya tu respuesta? Marca las casillas. ✓   Toma notas.

Evidencia	Notas
☐ el texto	
☐ tiras cómicas con cuadros de diálogo	
☐ otras ilustraciones	

¡Escríbelo!

CARACTERÍSTICAS DEL TEXTO Y DE LOS ELEMENTOS GRÁFICOS

Responde a la pregunta **1** usando evidencia del texto.

_____

_____

_____

_____

2 **¿Qué es igual en los cuentos de ambos ilustradores?**

☐ El personaje principal es una niña.

☐ La planta de habichuelas crece hasta el cielo.

☐ La mascota del ilustrador aparece en el cuento.

¡Pruébalo! ¿Qué evidencia de la selección apoya tu respuesta? Marca las casillas. ☑ Toma notas.

Evidencia	Notas
☐ el texto	
☐ tiras cómicas con cuadros de diálogo	
☐ otras ilustraciones	

¡Escríbelo!

COMPARAR Y CONTRASTAR

Responde a la pregunta ② usando evidencia del texto.

_____

_____

_____

_____

_____

_____

avergonzado

consejo

cosecha

en serio

Plantar un jardín

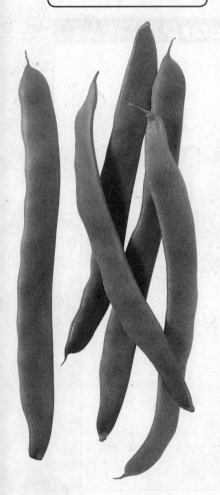

Había llegado el momento de plantar el jardín. Es verdad que había decidido no seguir el **consejo** de mis amigos. Todos ellos estaban de acuerdo en que debía plantar maíz, lechuga y calabacín.

Yo sólo planté frijoles.

—¡Te tomas los frijoles tan **en serio**! —me dijo mi amiga Yolanda—. ¿Por qué solamente frijoles?

¿Quieren saber la verdad? La cuestión es que no había mirado con cuidado los paquetes de semillas. Me sentía **avergonzado** y me costaba admitir el error.

—Me gustan los frijoles —dije—. ¡Me encantan!

Así que me puse a trabajar. Quité la maleza y regué la tierra. Al final tuve una buena **cosecha** y comí frijoles durante un mes. El año que viene no creo que plante frijoles.

1. A la gente le gusta dar

_____ para ayudarte a

hacer algo.

2. Durante la _____, se

recogen los cultivos que han madurado.

3. Si te tomas la jardinería

_____, tienes que trabajar

mucho en tu jardín.

4. Escribe una palabra que signifique lo

opuesto de <u>avergonzado</u>.

_____

5. Recuerda alguna vez que le diste <u>consejo</u>

a alguien. Escribe qué pasó.

_____

_____

_____

Los seres vivos están relacionados

Nueva versión de un cuento africano

por Dina McClellan

Había una vez un líder que era un gobernante duro y severo. Exigía ser obedecido por todos los habitantes del poblado. Cualquiera que no lo hiciera era castigado de forma terrible.

Solo una persona no le tenía miedo al líder. Esa persona era su abuela. Quién sabe por qué el líder no la castigaba. Tal vez la razón fuera que ni se daba cuenta de ella.

Detente   Piensa   Escribe

CONCLUSIONES

¿Qué te indica que el líder es un gobernante duro y severo?

_____

_____

_____

Una noche, el líder no podía conciliar el sueño. Afuera, las ranas estaban haciendo demasiado ruido. Este era un problema que el líder se tomaba **en serio**. Así que despertó a todos los habitantes de la aldea.

—Si yo no puedo dormir, no puede dormir nadie —dijo—. ¡Maten a todas las ranas!

Detente Piensa Escribe

CAUSA Y EFECTO

¿Por qué no puede dormir el líder?

_____

_____

_____

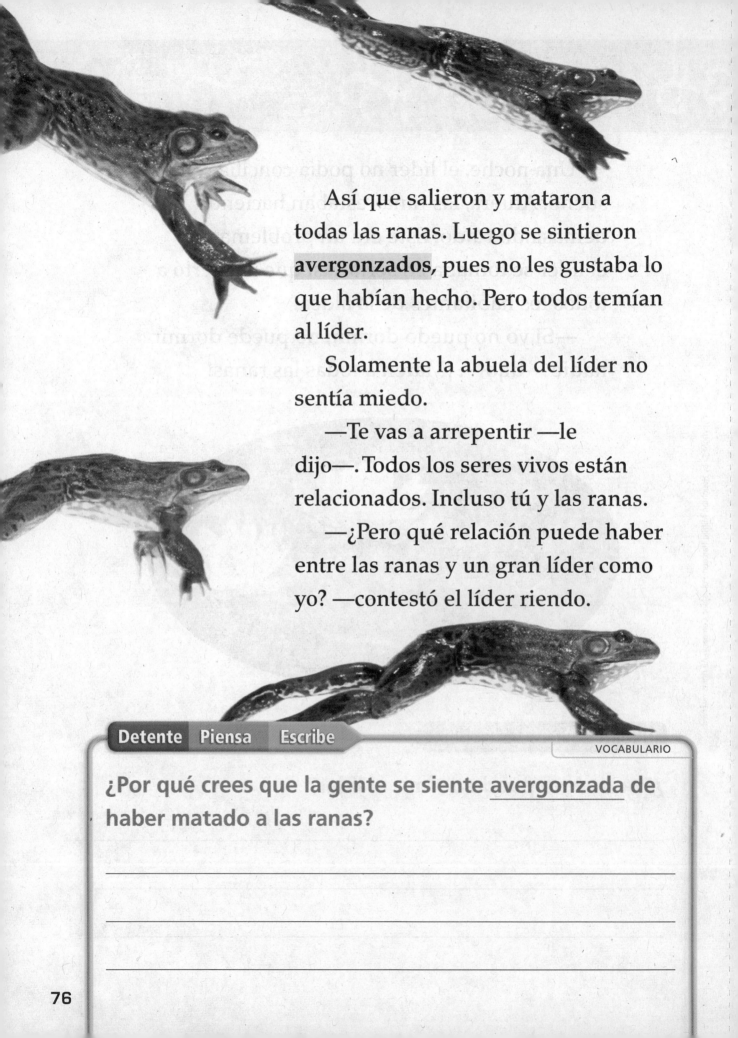

Así que salieron y mataron a todas las ranas. Luego se sintieron **avergonzados**, pues no les gustaba lo que habían hecho. Pero todos temían al líder.

Solamente la abuela del líder no sentía miedo.

—Te vas a arrepentir —le dijo—. Todos los seres vivos están relacionados. Incluso tú y las ranas.

—¿Pero qué relación puede haber entre las ranas y un gran líder como yo? —contestó el líder riendo.

Detente   Piensa   Escribe

VOCABULARIO

¿Por qué crees que la gente se siente avergonzada de haber matado a las ranas?

_____

_____

_____

Poco después llegó la época de la **cosecha**. Toda la aldea tenía que recoger frijoles y camotes. Era un trabajo duro el del campo, pues el ambiente estaba lleno de mosquitos. ¡Había miles de ellos!

El líder se quedó en su choza mientras los demás trabajaban afuera. Aun así, los mosquitos lo encontraron. No lo dejaban pensar ni dormir, haciendo bulla con sus constantes zumbidos. Incluso llenaron al líder de picaduras por todo el cuerpo.

Detente   Piensa   Escribe

¿Qué sucede durante la <u>cosecha</u>?

_____

_____

_____

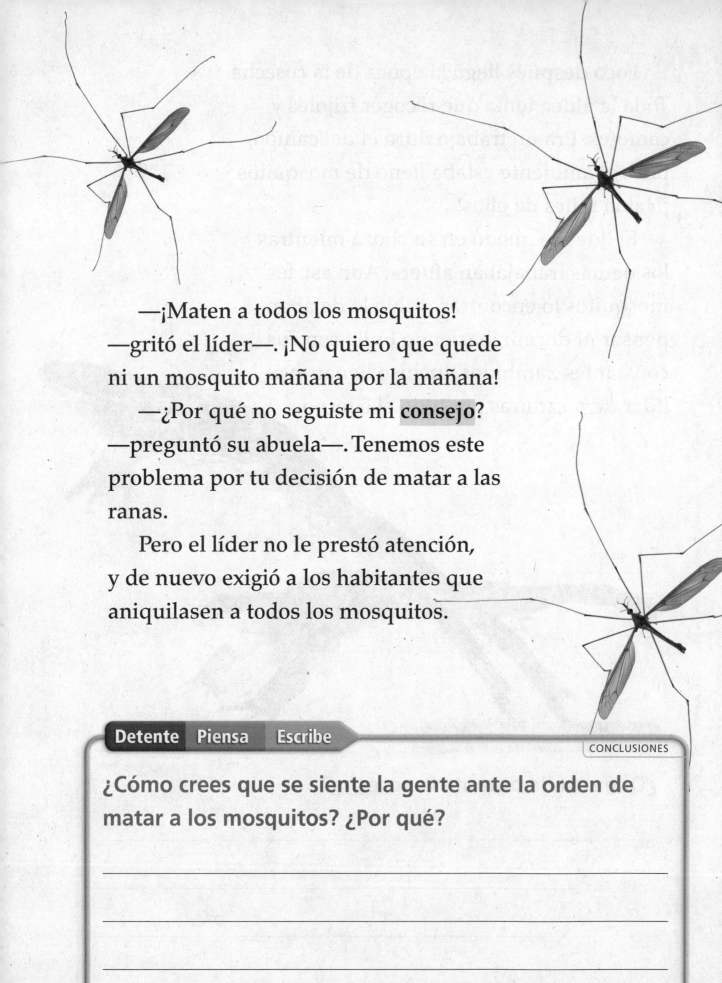

—¡Maten a todos los mosquitos! —gritó el líder—. ¡No quiero que quede ni un mosquito mañana por la mañana!

—¿Por qué no seguiste mi **consejo**? —preguntó su abuela—. Tenemos este problema por tu decisión de matar a las ranas.

Pero el líder no le prestó atención, y de nuevo exigió a los habitantes que aniquilasen a todos los mosquitos.

Detente **Piensa** **Escribe**

CONCLUSIONES

¿Cómo crees que se siente la gente ante la orden de matar a los mosquitos? ¿Por qué?

_____

_____

_____

La gente hizo lo que pudo, pero aun así no pudieron deshacerse de todos los mosquitos. Simplemente había demasiados. Al día siguiente incluso había más.

El líder dio una nueva orden.

—Esta vez, ¡mátenlos a TODOS! —dijo.

Y la gente lo intentó otra vez. Hicieron lo que pudieron, pero no consiguieron matarlos a todos. Simplemente había demasiados mosquitos.

Detente   Piensa   Escribe

COMPRENDER A LOS PERSONAJES

¿Cómo crees que se siente el líder al ver que hay más mosquitos que nunca?

_____

_____

_____

—Debiste haber dejado a las ranas en paz —dijo la abuela.

—¿De qué hablas? —dijo el líder. El jefe estaba muy enojado.

—¿Acaso no sabes que las ranas se comen a los mosquitos? ¡Por eso son necesarias! —contestó la abuela.

Y de esa forma, finalmente el líder aprendió la lección. Descubrió a las malas que todos los seres vivos están relacionados.

Detente   Piensa   Escribe

INFERIR Y PREDECIR

¿Cómo ayudan las ranas a las personas?

_____

_____

_____

Vuelve a leer y responde

1 ¿Es el líder una persona que sabe escuchar? ¿Cómo lo sabes?

Pista

Busca pistas en las páginas 74, 76 y 78.

_____

_____

_____

2 ¿Por qué la gente hace todo lo que les dice el líder?

Pista

Busca pistas en las páginas 74 y 76.

_____

_____

_____

3 ¿En qué se diferencia la abuela del líder de los demás personajes de la historia?

Pista

Busca pistas en las páginas 74 y 76.

_____

_____

_____

¡Hazte un detective de la lectura!

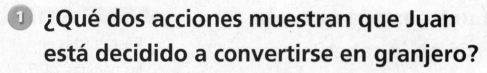

1 **¿Qué dos acciones muestran que Juan está decidido a convertirse en granjero?**

"Los pájaros de la cosecha"
Libro del estudiante,
págs. 279–297

☐ Trabaja en las tiendas de la ciudad.

☐ Le pide a Tata Chon que le regale una parcela de tierra.

☐ Barre el suelo para obtener semillas para su tierra.

¡Pruébalo! ¿Qué evidencia del cuento apoya tu respuesta? Marca las casillas. ☑ Toma notas.

Evidencia	Notas
☐ lo que dice y hace Juan	
☐ lo que dicen y hacen otros personajes	
☐ las ilustraciones	

¡Escríbelo!

CONCLUSIONES

Responde a la pregunta **1** usando evidencia del texto.

_____

_____

_____

_____

81A

2 **¿Qué personajes ayudan a Juan a conseguir y usar su tierra?**

☐ don Tobías

☐ Tata Chon

☐ los pájaros

¡Pruébalo! ¿Qué evidencia del cuento apoya tu respuesta? Marca las casillas. ☑ Toma notas.

Evidencia	Notas
☐ lo que dice y hace Juan	
☐ lo que dicen y hacen otros personajes	
☐ las ilustraciones	

¡Escríbelo!

ESTRUCTURA DEL CUENTO

Responde a la pregunta **2** usando evidencia del texto.

_____

_____

_____

_____

_____

_____

81B

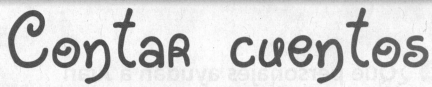

LECCIÓN 9

✓ **VOCABULARIO CLAVE**

aplauso
desocupado
entrecortado
familiar

Contar cuentos

1 Hace unos cien años, unos niños de Francia hicieron un descubrimiento. Estaban en una cueva, en un lugar bajo tierra, **desocupado**, y hallaron dibujos en las paredes de roca. Los dibujos contaban la historia de quienes vivieron allí hace miles de años.

¿Qué otro lugar puede estar desocupado?

_____

_____

2 En el pasado, los narradores de cuentos iban de pueblo en pueblo, compartiendo relatos e historias. Algunas historias que hoy nos son **familiares**, se contaron por primera vez hace mucho tiempo.

¿Cómo se vuelven familiares las cosas?

_____

_____

_____

82

3 Era divertido ver a los narradores de cuentos del pasado. Algunos vestían ropas de colores. A veces representaban los cuentos. Hacían caras graciosas y movimientos **entrecortados**.

¿Qué palabra significa lo contrario de <u>entrecortados</u>?

_____

4 Los buenos narradores de cuentos del pasado recibían muchos **aplausos**. Hoy día, ¡las personas también aplauden cuando escuchan una buena historia!

¿Cuándo oímos <u>aplausos</u>?

_____

_____

_____

Títeres de todo el mundo

por Lois Grippo

¡A la gente le encantan los títeres! Son juguetes **familiares**, bien conocidos. A los niños de todo el mundo les entusiasma jugar con ellos.

Es probable que los primeros títeres surgieran en Egipto. Parece ser que esos títeres eran meros juguetes, hechos de madera y con hilos para mover sus piezas.

Detente Piensa Escribe   IDEA PRINCIPAL Y DETALLES

¿Cómo eran los títeres de hace mucho tiempo en Egipto?

_____

_____

_____

Títeres de sombras

Hace mucho tiempo, los habitantes del sudeste asiático comenzaron a hacer títeres de sombras. Estos títeres eran planos y de papel. Cada títere estaba unido a un palo, y al mover el palo se movía el títere.

Los títeres se movían detrás de una pantalla de seda. Para obtener las sombras, se encendían velas.

Los espectadores se sentaban delante de la pantalla, por lo que no podían ver los títeres. Tampoco podían ver a las personas que los sujetaban. Solamente veían grandes sombras de títeres en la pantalla de seda.

Detente	Piensa	Escribe

CAUSA Y EFECTO

¿Cómo se mueven los títeres de sombras?

_____

_____

_____

Títeres Bunraku

Los japoneses también tenían un tipo especial de títeres, llamados títeres Bunraku. Estos títeres son bastante grandes, hasta el punto de poder alcanzar el tamaño de una persona.

Para mover uno de estos títeres hacen falta tres personas. Las personas aparecen en el escenario con el títere.

Los movimientos de estos títeres nunca son **entrecortados**. Más bien, los que manejan el títere trabajan con cuidado para hacer que los movimientos resulten fluidos y naturales.

Detente Piensa Escribe

VOCABULARIO

¿Por qué no son <u>entrecortados</u> los movimientos de un títere Bunraku?

_____

_____

_____

Títeres de mano

¿Alguna vez hiciste un títere con una media? Los títeres de medias son títeres de mano.

En China existen títeres de mano desde hace muchísimo tiempo. Esos títeres no estaban hechos de medias, sino de madera. La madera en su interior era hueca, espacio por donde la persona metía la mano.

Detente Piensa Escribe

CAUSA Y EFECTO

¿Cómo se mueven los títeres de mano?

_____

_____

_____

Teatro de títeres

Los espectáculos de títeres se realizan en pequeños escenarios. A veces, el escenario está **desocupado**, aunque por lo general suele estar lleno. A veces hay árboles y casas. Otras veces puede haber granjas y colinas.

Los títeres se desplazan de un lado al otro del escenario. Miran a hurtadillas desde las ventanas. Los aficionados recompensan al héroe con **aplausos** cuando lucha contra el dragón, y abuchean al dragón cuando este se defiende. Los espectáculos de títeres son muy divertidos.

Detente   Piensa   Escribe

VOCABULARIO

¿Por qué suelen escucharse aplausos durante un espectáculo de títeres?

_____

_____

_____

Espectáculo de títeres

¿Sobre qué tratan los espectáculos de títeres? Algunos enseñan alguna lección, mientras que otros relatan la historia de determinado sitio. En un pasado no tan remoto, no existía la televisión, ni tampoco había periódicos. La gente se enteraba de las noticias por los espectáculos de títeres.

Así que, ¡presta atención a los títeres! Pueden ser muy graciosos, ¡pero también pueden contarte cosas que desconoces!

Detente   Piensa   Escribe

IDEA PRINCIPAL Y DETALLES

¿Qué puedes aprender en un espectáculo de títeres?

_____

_____

_____

Haz un títere de media

* Pídele a un adulto que te dé una media vieja.

* Dibuja una cara en la parte del pie de la media.

* Ahora, mete la mano dentro de la media.

* Usa los dedos para hacer la boca.

* Mueve los dedos para abrir y cerrar la boca.

* ¡Hazle decir algo a la media!

Detente Piensa Escribe

IDEA PRINCIPAL Y DETALLES

¿Cómo se hace la boca de un títere de media?

_____

_____

_____

Vuelve a leer y responde

1 ¿Cómo se logra que los títeres Bunraku se muevan de forma natural?

Pista

Busca pistas en la página 86.

_____

_____

_____

2 ¿Cómo te parece que el decorado del escenario puede ayudar a que un espectáculo de títeres parezca real?

Pista

Busca pistas en la página 88.

_____

_____

_____

3 ¿Cuál es la diferencia entre un títere Bunraku y un títere de sombras?

Pista

Busca pistas en las páginas 85 y 86.

_____

_____

_____

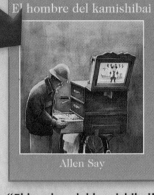

Vuelve a

El hombre del kamishibai

Allen Say

"El hombre del kamishibai"
Libro del estudiante,
págs. 319–341

¡Hazte un detective de la lectura!

1 **¿Por qué las personas dejaron de escuchar las historias de Jiichan?**

☐ Es demasiado viejo para contarlas bien.

☐ Los niños quieren mirar televisión.

☐ Cuenta sus historias en televisión.

¡Pruébalo! ¿Qué evidencia de la selección apoya tu respuesta? Marca las casillas. ✓ Toma notas.

Evidencia	Notas
☐ lo que dice y hace Jiichan	
☐ lo que dicen y hacen otros personajes	
☐ detalles sobre la televisión	

¡Escríbelo!

CAUSA Y EFECTO

Responde a la pregunta **1** usando evidencia del texto.

_____

_____

_____

_____

_____

2 **¿Cuál de los sucesos ocurre primero?**

☐ Jiichan ve edificios muy altos.

☐ Jiichan con frecuencia les cuenta historias a los niños.

☐ Jiichan ve que han cortado los árboles.

¡Pruébalo! ¿Qué evidencia de la selección apoya tu respuesta? Marca las casillas. ☑ Toma notas.

Evidencia	Notas
☐ lo que dice Jiichan	
☐ lo que las personas dicen sobre Jiichan	
☐ palabras como "en los viejos tiempos"	
☐ cómo luce Jiichan en diferentes ilustraciones	

¡Escríbelo!

SECUENCIA DE SUCESOS

Responde a la pregunta 2 usando evidencia del texto.

_____

_____

_____

_____

_____

experimento
genio
invento
laboratorio

Inventores

1 El inventor empieza con una idea. Luego, hace un **experimento** para ver si la idea funciona o da resultado.

¿Qué <u>experimento</u> podrías hacer para ver qué tipo de cereal se mantiene crocante en la leche por más tiempo?

_____

_____

_____

2 La gente puede pensar que el inventor es un **genio** porque tuvo una idea que a nadie se le había ocurrido antes.

¿Qué otras cosas podría hacer una persona para hacerte pensar que es un <u>genio</u>?

_____

_____

_____

3 Si un **invento** es útil, muchas personas querrán usarlo. De esa forma, el inventor puede hacerse famoso.

¿Qué tipo de <u>invento</u> te gustaría hacer?

_____

_____

_____

4 Los inventores suelen trabajar en un **laboratorio**. Allí hay aparatos e instrumentos para hacer y probar inventos.

¿Qué tres cosas podrías hallar en un <u>laboratorio</u>?

_____

_____

_____

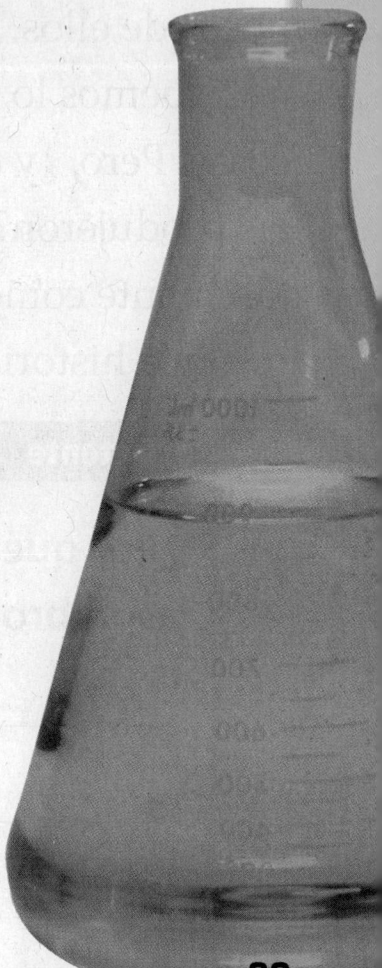

Las grandes ideas de Aleck

por Candyce Norvell

Inventores e inventos

Piensa en los grandes inventos de los últimos cien años. El teléfono, la televisión, los autos y las computadoras son apenas unos pocos de ellos.

Sabemos lo maravillosas que son estas cosas. Pero, ¿y qué hay de las personas que las produjeron? El inventor puede ser tan fascinante como su **invento**. A continuación se relata la historia de un asombroso inventor.

Detente   Piensa   Escribe   CONCLUSIONES

¿Por qué el teléfono y el automóvil fueron inventos asombrosos?

_____

_____

_____

Un muchacho llamado Aleck

En 1847 nació en Escocia un muchacho llamado Aleck. Ya de joven se interesó por el sonido.

Cierto día, Aleck se perdió y, desde mucha distancia, oyó la voz de su padre que lo llamaba. Esto hizo que Aleck sintiera curiosidad por la forma en que se propagaba el sonido.

Más adelante, como broma, Aleck y sus hermanos fabricaron un aparato que sonaba como si llorase un bebé. ¡Sus vecinos creyeron que se trataba de un bebé de verdad!

ESCOCIA

Edimburgo

Detente Piensa Escribe

CAUSA Y EFECTO

¿Qué le hizo pensar a Aleck en la forma de propagarse el sonido?

_____

_____

_____

95

Primeros experimentos

Aleck probó nuevos experimentos. Incluso ¡le enseñó a hablar a su perro! Le frotaba la laringe, le movía la quijada, y los sonidos que salían parecían palabras. Al poco tiempo el perro fue capaz de decir: "¿Cómo estás, abuela?".

Cuando Aleck tenía 14 años fabricó un aparato muy útil. Hasta ese momento, los granjeros tenían que quitarle la cáscara al trigo. Solo entonces podía comerlo la gente. El joven **genio** fabricó una máquina que hacía este trabajo.

Detente Piensa Escribe

VOCABULARIO

¿Por qué crees que la autora considera a Aleck un <u>genio</u>?

_____

_____

_____

Adolescencia

La madre de Aleck era sorda. Aleck quería ayudarla a entender las cosas que él le decía. Quería ayudar a las personas que no podían oír bien.

Aleck se fue a estudiar a Inglaterra, donde conoció a varios científicos. Allí también oyó hablar de un nuevo concepto: la electricidad.

Detente   Piensa   Escribe

Escribe un detalle que explique por qué quería Aleck ayudar a las personas que no oían bien.

_____

_____

_____

Viaje a América

Más adelante, Aleck se mudó a los Estados Unidos, donde finalizó sus estudios y, más tarde, se hizo maestro. Aleck se casó con Mabel Hubbard. Al igual que la madre de Aleck, Mabel no podía oír.

Aleck comenzó a trabajar en su mayor invento. Se trataba del teléfono. Sí, ¡Aleck era Alexander Graham Bell!

Detente Piensa Escribe

SECUENCIA DE SUCESOS

¿Cuál fue el primer trabajo de Aleck cuando terminó de estudiar?

_____

_____

_____

Transmisión de mensajes

Aleck tenía una idea. Quería enviar mensajes de voz a través de un cable. Junto con su amigo Tom Watson, empezaron a hacer pruebas. Los dos pasaban muchas horas trabajando en su **laboratorio**.

Un día, mientras realizaba un **experimento**, Aleck se hizo daño. Tom estaba en otro cuarto cuando oyó que Aleck le decía: "Sr. Watson, venga, por favor". Pero Tom estaba oyendo la voz de Aleck ¡a través del cable! Es decir, se acababa de enviar el primer mensaje telefónico.

Detente Piensa Escribe

VOCABULARIO

¿Qué intentaban hacer Aleck y Tom en su <u>laboratorio</u>?

_____

_____

_____

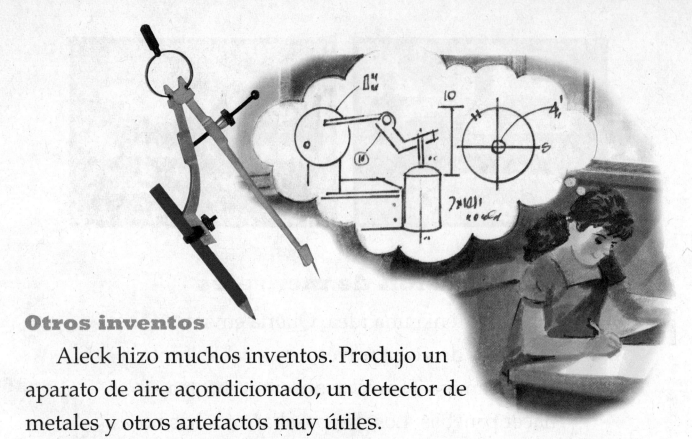

Otros inventos

Aleck hizo muchos inventos. Produjo un aparato de aire acondicionado, un detector de metales y otros artefactos muy útiles.

Alexander Graham Bell dijo una vez: "Todos los grandes descubrimientos son el resultado del pensamiento". Aleck seguramente pensó mucho, y es evidente que hizo grandes descubrimientos. Del mismo modo, todos los días, los pensamientos de las personas conducen a nuevos descubrimientos.

Detente   Piensa   Escribe

CAUSA Y EFECTO

¿Cómo pueden convertirse los pensamientos en grandes descubrimientos?

_____

_____

_____

Vuelve a leer y responde

1 ¿Cuál es la idea principal de esta selección?

Pista

Piensa en el tema principal de cada página de la selección.

_____

_____

_____

2 Escribe dos detalles que muestren por qué Aleck sentía curiosidad por el sonido.

Pista

Busca pistas en las páginas 95 y 97.

_____

_____

_____

3 ¿Cómo describirías a Aleck?

Pista

Busca pistas en las páginas 95, 96 y 97.

_____

_____

_____

¡Hazte un detective de la lectura!

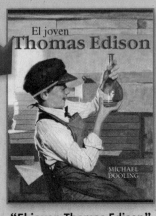

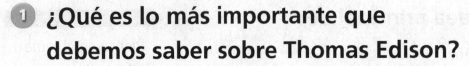

1 **¿Qué es lo más importante que debemos saber sobre Thomas Edison?**

"El joven Thomas Edison"
Libro del estudiante,
págs. 359–381

☐ Aprendió el código Morse.

☐ Inventó cosas muy útiles.

☐ Tenía dificultades para escuchar.

¡Pruébalo! ¿Qué evidencia de la selección apoya tu respuesta? Marca las casillas. ✓ Toma notas.

Evidencia	Notas
☐ detalles sobre la niñez de Edison	
☐ detalles sobre los empleos de Edison	
☐ detalles sobre los laboratorios de Edison	

¡Escríbelo!

IDEAS PRINCIPALES Y DETALLES DE APOYO

Responde a la pregunta **1** usando evidencia del texto.

_____

_____

_____

_____

_____

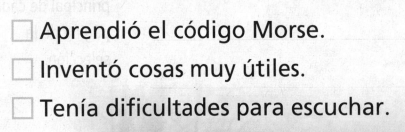

2 ¿Qué influencia tuvo la madre de Edison en su vida?

☐ Le enseñó cómo mezclar sustancias químicas.

☐ Le consiguió un empleo como repartidor de periódicos.

☐ Le enseñó a hacer preguntas.

¡Pruébalo! ¿Qué evidencia de la selección apoya tu respuesta? Marca las casillas. ☑ Toma notas.

Evidencia	Notas
☐ detalles sobre la niñez de Edison	
☐ detalles sobre el trabajo de Edison	
☐ las ilustraciones	
☐	

¡Escríbelo!

CAUSA Y EFECTO

Responde a la pregunta **2** usando evidencia del texto.

_____

_____

_____

_____

_____

Lección 11

✓ VOCABULARIO CLAVE

atleta

competir

fracción

mejorar

Atletas

1 Para ser el mejor en un deporte hay que tener talento. También se requiere mucho esfuerzo. Un **atleta** estrella entrena casi todos los días.

¿Cuáles crees que son los atletas que se tienen que esforzar más?

_____

_____

_____

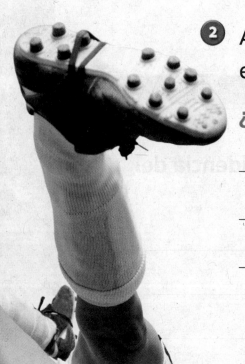

2 A muchos atletas les gusta **competir**. ¡Y ellos siempre quieren ganar!

¿En qué cosas te gusta competir?

_____

_____

_____

102

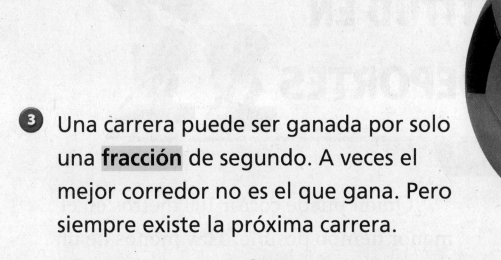

3 Una carrera puede ser ganada por solo una **fracción** de segundo. A veces el mejor corredor no es el que gana. Pero siempre existe la próxima carrera.

¿En qué cosas puedes pensar que ocurren en una fracción de segundo?

_____

_____

_____

4 Si un atleta desea seguir triunfando, él o ella tiene que **mejorar** constantemente. Siempre existen otros atletas que están tratando de superarse.

¿En qué actividad de las que te gustan te gustaría mejorar? ¿Qué puedes hacer para superarte?

_____

_____

_____

LA EXACTITUD EN LOS DEPORTES

por CARL BROWN

¿Quién puede correr 100 metros en el menor tiempo posible? Hay menos de un segundo de diferencia entre los mejores tiempos de los velocistas del mundo.

¿Quién puede lanzar más lejos? La diferencia entre dos excelentes lanzadores de bala puede ser de menos de una pulgada.

Otra pregunta. ¿Cómo se miden estas medidas tan exactas?

Detente   Piensa   Escribe

HACER INFERENCIAS

Cuando un velocista gana una carrera, ¿lo hace por muchos segundos de diferencia con los otros velocistas? Explica.

_____

_____

_____

TIEMPO

El primer cronómetro para deportes se inventó en 1869. Podía medir una **fracción** de segundo. Para la década de 1960, los cronómetros más nuevos podían medir hasta una centésima de segundo.

Hoy día, las computadoras miden tiempos deportivos hasta una milésima de segundo. ¡Por eso podemos saber quién es el velocista más rápido del mundo!

Detente   Piensa   Escribe

VOCABULARIO

¿Por qué es importante en los deportes medir hasta la fracción de un segundo?

_____

_____

_____

FOTOS

Puede llegar a ser muy difícil determinar quién gana una carrera en un final ajustado. Por esa razón, las personas comenzaron a usar cámaras. Una foto puede mostrar quién cruzó la línea de llegada primero.

Antes llevaba varios minutos revelar un rollo de película. Las personas tuvieron que **mejorar** las cámaras. Ahora, se utilizan las fotos digitales. Las cámaras toman 3,000 fotos por segundo.

Detente Piensa Escribe

CAUSA Y EFECTO

¿Por qué puede llegar a ser difícil determinar quién llegó primero en un final ajustado?

_____

_____

_____

REPETICIÓN INSTANTÁNEA

Antes de la década de 1960, los partidos de fútbol americano no eran muy populares. Era difícil ver lo que sucedía en el campo de juego. Era antes de la "repetición instantánea".

La repetición instantánea utiliza cámaras de video para grabar un juego. Ahora, luego de una jugada importante, los televidentes pueden volver a verla inmediatamente. Pueden ver la jugada de cerca y en cámara lenta. ¡Las personas que miran los partidos por televisión tienen los mejores asientos!

Detente   Piensa   Escribe

SECUENCIA DE SUCESOS

¿Cuándo ven los televidentes una repetición instantánea?

_____

_____

_____

BÉISBOL Y TENIS

La repetición instantánea también se utiliza para ayudar a los árbitros a tomar buenas decisiones. Puede mostrar si una bola de béisbol bateada es un jonrón o un error.

En tenis, el jugador tiene que pegarle a la pelota de modo que caiga dentro de las líneas marcadas. La pelota puede caer tan rápido que los **atletas** no se ponen de acuerdo. Varias cámaras conectadas a una computadora pueden mostrar exactamente dónde cayó la pelota.

Detente   Piensa   Escribe

INFERIR

¿Qué puede causar que los jugadores de tenis se peleen en la cancha?

_____

_____

_____

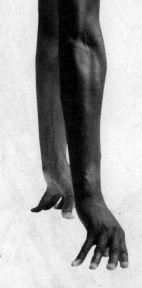

CARRERAS

Las carreras a pie también usan la repetición instantánea. Si un corredor sale de su bloque antes de que pasen once centésimas de segundo después del tiro de salida, es una salida en falso. El corredor habrá decidido empezar antes de escuchar el tiro. ¡Nadie puede responder tan rápido!

Detente   Piensa   Escribe

INFERIR

¿Qué sucedería si un corredor sale del bloque antes de que el tiro de salida se haya disparado?

_____

_____

_____

FÚTBOL

Has leído que las computadoras y las cámaras ayudan a tomar decisiones en los deportes. Pero a veces los árbitros no quieren **competir** con máquinas.

Los partidos de fútbol en la televisión usan la repetición instantánea. Pero las personas que hacen las reglas para este deporte decidieron no usarla en el campo de juego. Saben que una cámara puede mostrarle al árbitro si tenía razón. Sin embargo, insisten que una persona, y no una máquina, debe decidir sobre las jugadas.

Detente Piensa Escribe

VOCABULARIO

¿Cómo puede una máquina **competir** con un árbitro de fútbol?

_____

_____

_____

1 ¿Qué ocurrió primero: el uso del cronómetro en los deportes o la repetición instantánea?

Pista

Busca pistas en las páginas 105 y 107.

_____

_____

_____

2 ¿Por qué los árbitros de fútbol no usan repetición instantánea?

Pista

Busca pistas en la página 110.

_____

_____

_____

3 ¿Por qué son más prácticas las cámaras digitales que las cámaras con rollo para los deportes?

Pista

Busca pistas en la página 106.

_____

_____

_____

¡Hazte un detective de la lectura!

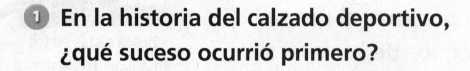

Vuelve a

"La tecnología gana el juego"
Libro del estudiante,
págs. 403-413

1 **En la historia del calzado deportivo, ¿qué suceso ocurrió primero?**

☐ El calzado deportivo tenía suela de caucho.

☐ Los corredores usaban sandalias.

☐ Las personas agregaron clavos a los zapatos para correr.

¡Pruébalo! ¿Qué evidencia de la selección apoya tu respuesta? Marca las casillas. ☑ Toma notas.

Evidencia	Notas
☐ el orden de los sucesos en el texto	
☐ palabras que se refieren a momentos en particular como *siguiente* y *en la década de 1920*	
☐ la línea cronológica	

¡Escríbelo!

SECUENCIA DE SUCESOS

Responde a la pregunta **1** usando evidencia del texto.

_____

_____

111A

2 ¿Qué ha causado que los corredores corran más rápido ahora que hace años atrás? (Marca todas las respuestas correctas).

☐ pistas con superficies para todo tipo de clima

☐ vestimenta muy ajustada

☐ zapatos para correr mejorados

¡Pruébalo! ¿Qué evidencia de la selección apoya tu respuesta? Marca las casillas. ☑ Toma notas.

Evidencia	Notas
☐ detalles sobre la superficie de las pistas	
☐ detalles sobre la vestimenta para correr	
☐ detalles sobre los zapatos para correr	

¡Escríbelo!

CAUSA Y EFECTO

Responde a la pregunta **2** usando evidencia del texto.

_____

_____

_____

_____

_____

✓ **VOCABULARIO CLAVE**

vociferar
arriesgado
fruncir el
ceño
arrancar

Anansi, el embaucador embaucado

¡Oh, ese Anansi, la Araña! ¡Cómo detestaba trabajar!

En una ocasión, Anansi quería pescado para la cena. Así que **vociferó** lamando a Bonsu, el Tigre. Nadie era más tonto e inocente que Bonsu.

—Compartiremos el trabajo —Anansi le prometió a Bonsu—. Tú pescas, y yo te espero aquí.

Bonsu **frunció el ceño**. Tratar con Anansi siempre era un asunto **arriesgado**.

—La peor parte de cualquier trabajo es el cansancio que genera, ¿no? —dijo Bonsu. Luego, **arrancó** un insecto de su oreja y se rascó contra un árbol, tratando de parecer relajado.

Anansi le dio la razón.

—¡Bueno! —dijo Bonsu—. Yo haré la parte dura de sentirme cansado. Tú puedes hacer la parte más fácil: pescar el pez. ¿Qué te parece?

¡Pobre Anansi! ¡Lo derrotaron en su propio juego!

1 Anansi _____ el nombre de Bonsu, para poder ser escuchado por otros.

2 Bonsu _____, pensando en lo injusto de la situación.

3 Hacer tratos con un embaucador es siempre una cosa _____.

4 ¿Qué tipo de verduras necesitan ser <u>arrancadas</u> del suelo?

_____

_____

_____

¿Y el cabello de Anansi?

por Dina McClellan

Anansi, la Araña, fue una vez muy guapo. Tenía una cabellera espesa y brillosa.

Pero era muy perezoso. Si era por él, se quedaba todo el día descansando en su telaraña, mientras su esposa trabajaba en el maizal.

—Estoy cansada de hacer todo el trabajo por aquí —le dijo la esposa a Anansi un día—, ¿por qué no trabajas tú en el maizal para variar? Además, estoy cocinando un guiso de frijoles.

Detente   Piensa   Escribe

TEMA

Piensa en los detalles del cuento de esta página. ¿Qué lección podría enseñar este cuento?

_____

_____

_____

Anansi sintió el aroma. Olía delicioso.

—No puedo trabajar cuando estoy hambriento —protestó. Sin embargo, cogió su sombrero y se dirigió hacia la salida.

Hacía calor y el sendero estaba lleno de polvo. Solo pensar en el delicioso guiso de su esposa lo mantenía en movimiento.

Pero, para cuando llegó al maizal, en lo único en que podía pensar era en el guiso cocinándose a fuego lento en la olla. Así que pegó una vuelta y regresó corriendo a su casa.

Detente   Piensa   Escribe

CAUSA Y EFECTO

¿Qué hace que Anansi regrese corriendo a su casa?

_____

_____

_____

—¿Cuándo comemos? —Anansi **vociferó** al entrar en la cocina.

—Cuando termines de trabajar en el maizal —le contestó su esposa, **frunciendo el ceño**.

Anansi suspiró. Regresó al maizal. Comenzó a trabajar. Pero pronto el delicioso aroma del guiso llegó hasta el maizal.

Detente Piensa Escribe

¿Qué te dice la palabra <u>vociferó</u> acerca de Anansi?

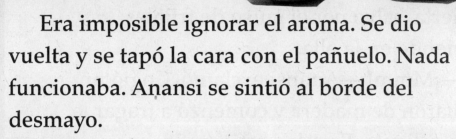

Era imposible ignorar el aroma. Se dio vuelta y se tapó la cara con el pañuelo. Nada funcionaba. Anansi se sintió al borde del desmayo.

Justo en ese momento divisó a su esposa cruzando el maizal. Estaba llevando un tazón.

—¡Al fin! —gritó Anansi, corriendo a través del maizal hacia ella. Cogió el tazón y se lo tragó bruscamente.

—¡Qué asco! —gritó Anansi escupiendo el contenido—. ¡Pero esto es agua! ¿Dónde está el guiso?

—No está listo aún. Estará listo cuando tú lo estés —le contestó su esposa de mala gana.

Detente Piensa Escribe

PROBLEMA Y SOLUCIÓN

¿Cuál es el problema de Anansi? ¿Cómo trata de solucionarlo?

_____

_____

_____

—Vuelve a trabajar. No quiero verte hasta la hora de la cena.

Tan pronto como se fue, Anansi corrió rápidamente a su casa. La cocina estaba desierta, salvo por el guiso de frijoles hirviendo en la olla.

—¡Mmm! —Anansi exclamó. Cogió un cucharón de madera y comenzó a tragar la sopa caliente. Era algo **arriesgado**, pero valía la pena.

Después de tragar algunas cucharadas, Anansi decidió que no eran suficientes. Así que se sacó el sombrero y lo llenó hasta arriba de sopa caliente.

Justo en ese momento, su esposa entró en la cocina.

Detente **Piensa** **Escribe**

COMPRENDER A LOS PERSONAJES

¿Qué detalles te muestran que Anansi es un glotón?

_____

_____

_____

Anansi se paralizó. Entonces, sin pensarlo, se puso el sombrero lleno de frijoles en la cabeza.

La esposa de Anansi lo miró con sospecha. Debajo del sombrero de Anansi, la sopa comenzó a quemarle la cabeza. Sacudió su sombrero un poquito, luego un poco más fuerte. No sirvió. Su cabeza se estaba quemando. Anansi saltó, bailó, se sacudió.

—¿Qué rayos te sucede? —dijo la esposa de Anansi.

—¿Cómo? —Anansi clamó—. ¿No sabías que hoy es el Día Mundial de Sacudir Sombreros?

—No. Ni enterada —respondió ella.

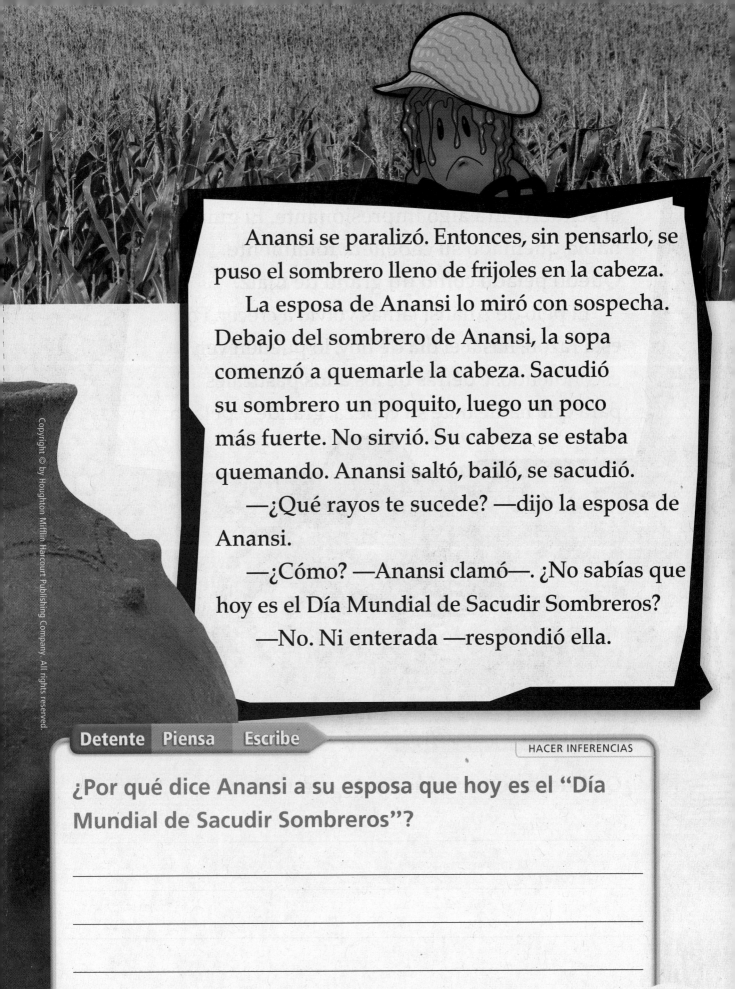

Detente Piensa Escribe

HACER INFERENCIAS

¿Por qué dice Anansi a su esposa que hoy es el "Día Mundial de Sacudir Sombreros"?

_____

_____

_____

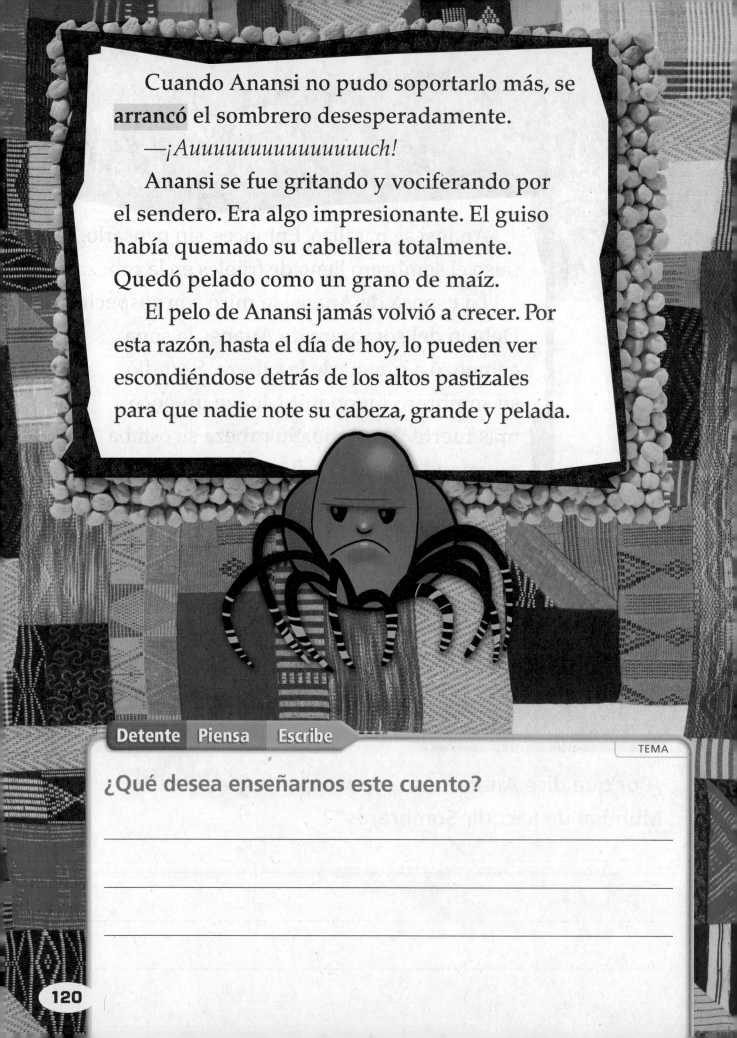

Cuando Anansi no pudo soportarlo más, se **arrancó** el sombrero desesperadamente.

—¡*Auuuuuuuuuuuuuuuuch!*

Anansi se fue gritando y vociferando por el sendero. Era algo impresionante. El guiso había quemado su cabellera totalmente. Quedó pelado como un grano de maíz.

El pelo de Anansi jamás volvió a crecer. Por esta razón, hasta el día de hoy, lo pueden ver escondiéndose detrás de los altos pastizales para que nadie note su cabeza, grande y pelada.

Detente   Piensa   Escribe

¿Qué desea enseñarnos este cuento?

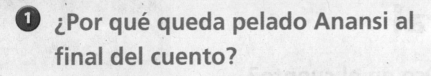

Vuelve a leer y responde

1 ¿Por qué queda pelado Anansi al final del cuento?

Pista
Busca pistas en la página 120.

_____

_____

_____

2 ¿En qué se diferencian Anansi y su esposa?

Pista
Piensa en sus actitudes en relación con el trabajo.

_____

_____

3 Inventa tu propio título para este cuento.

Pista
Piensa en la lección que enseña el cuento.

_____

_____

4 ¿Cómo nos ayuda el diálogo del cuento a comprender a los personajes?

Pista
Piensa en lo que el diálogo revela sobre la relación entre Anansi y su esposa.

_____

_____

_____

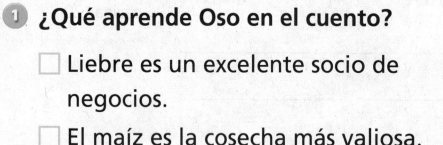

Vuelve a

"Arriba y abajo"
Libro del estudiante,
págs. 431–453

¡Hazte un detective de la lectura!

1 ¿Qué aprende Oso en el cuento?

☐ Liebre es un excelente socio de negocios.

☐ El maíz es la cosecha más valiosa.

☐ Para tener éxito, se debe trabajar muy duro.

¡Pruébalo! ¿Qué evidencia de la selección apoya tus respuestas? Marca las casillas. ☑ Toma notas.

Evidencia	Notas
☐ lo que hace Oso mientras las Liebres trabajan	
☐ lo que sucede con los cultivos que Liebre planta	
☐ cómo cambia Oso al final	

¡Escríbelo!

TEMA

Responde a la pregunta **1** usando evidencia del texto.

_____

_____

_____

_____

2 ¿Qué rasgos ayudan a Liebre a que todo le salga bien al final?

☐ Es astuto.

☐ Planifica con antelación.

☐ Trabaja duro.

☐ otro _____

¡Pruébalo! ¿Qué evidencia en la selección apoya tu respuesta? Marca las casillas. ☑ Toma notas.

Evidencia	Notas
☐ lo que Liebre dice y hace	
☐ las ilustraciones	
☐	

¡Escríbelo!

COMPRENDER A LOS PERSONAJES

Responde a la pregunta **2** usando información del texto.

_____

_____

_____

_____

_____

_____

121B

✓ **VOCABULARIO CLAVE**

accidentado

afectuosamente

empinado

niebla

Donde vivían los iroqueses

1 Los iroqueses vivían hace mucho tiempo en el actual estado de Nueva York. La mayor parte de la tierra estaba poblada de bosques y colinas **empinadas**.

¿Alguna vez tuviste que subir por algún lugar <u>empinado</u>? Explica tu respuesta.

_____

_____

_____

Árboles en colinas empinadas

2 El terreno era en muchos lugares rocoso y **accidentado**, por lo que resultaba difícil caminar por allí. Los iroqueses viajaban en canoas cuando podían.

Describe algún lugar <u>accidentado</u> donde hayas estado.

_____

3 Los iroqueses construían tipis y casas comunales. De vez en cuando se despertaban en medio de la **niebla**. La niebla se disipaba con el calor del sol.

Niebla en los árboles

Escribe una palabra que tenga el mismo significado que <u>niebla</u>.

_____

_____

_____

4 Los iroqueses trataban a sus hijos **afectuosamente**. Los adultos raramente castigaban a los niños o les hablaban con severidad.

Describe a alguien a quien trates <u>afectuosamente</u>.

_____

_____

_____

Pequeña Cara de Barro

Cuento de Cenicienta indígena-americano
versión de Dina McClellan

Hace mucho tiempo, en las proximidades de un lago, vivía un cazador con sus tres hijas. Hermana Mayor y Hermana del Medio trataban mal a su hermana pequeña. La obligaban a hacer todo el trabajo.

La hermana pequeña tenía que limpiar y cocinar. Tenía que llevar pesadas ramas para hacer fuego. Tenía la cara y las manos siempre sucias. La gente la llamaba Pequeña Cara de Barro.

Detente   Piensa   Escribe

ESTRUCTURA DEL CUENTO

¿Por qué se conoce a la hermana pequeña como Pequeña Cara de Barro?

_____

_____

_____

Al otro lado del lago estaba el tipi de Viento Fuerte y su hermana, Ojos Brillantes. Ojos Brillantes quería mucho a su hermano, pues podía verlo y oírlo, aunque la mayoría de las personas no podía.

Un día, Ojos Brillantes se dirigió a la aldea.

—Viento Fuerte y yo buscamos a alguien que quiera unirse a nuestra feliz familia —dijo—. Solamente alguien que diga la verdad podrá vivir con nosotros.

Detente   Piensa   Escribe

COMPARAR Y CONTRASTAR

¿En qué se diferencia Ojos Brillantes de la mayoría de las personas?

_____

_____

_____

Hermana Mayor se puso su mejor ropa y, junto al lago, encontró a Ojos Brillantes.

—Viento Fuerte está pescando ahí afuera —dijo Ojos Brillantes—. ¿Lo puedes ver en su canoa?

—Por supuesto que puedo —respondió Hermana Mayor.

—¿De qué está hecha la cuerda de su arco? —preguntó Ojos Brillantes.

—De cuero de ciervo —contestó Hermana Mayor.

—Márchate a casa inmediatamente —dijo Ojos Brillantes.

Detente   Piensa   Escribe

INFERIR Y PREDECIR

¿Por qué le dice Ojos Brillantes a Hermana Mayor que se marche a casa?

_____

_____

_____

Al día siguiente, Hermana del Medio salió en busca de Ojos Brillantes, a quien también halló junto al lago.

—¿Puedes ver a mi hermano cerca de su canoa?

—Por supuesto —dijo Hermana del Medio.

—Entonces, ¿de qué está hecha la cuerda de su arco?

—De hierba trenzada —respondió Hermana del Medio.

—Vete a casa inmediatamente —dijo Ojos Brillantes.

Detente Piensa Escribe

COMPARAR Y CONTRASTAR

¿En qué se parece la respuesta de Hermana del Medio a la respuesta de Hermana Mayor?

_____

_____

_____

127

Al día siguiente, Pequeña Cara de Barro les dijo a sus hermanas que iba a salir en busca de Ojos Brillantes y Viento Fuerte, y que les mostraría que ella decía la verdad. Sus hermanas se rieron a carcajadas. Pero a Pequeña Cara de Barro no le importó en absoluto.

Comenzó a caminar en dirección al lago. El terreno era **accidentado**. Pequeña Cara de Barro tuvo que subir por colinas **empinadas**. Siguió caminando sin parar ni siquiera para recuperar el aliento.

Detente **Piensa** **Escribe**

VOCABULARIO

¿Le resulta fácil o difícil a Pequeña Cara de Barro subir por la colina <u>empinada</u>?

_____

_____

_____

Por fin, Pequeña Cara de Barro llegó hasta el lago. El agua estaba cubierta por una capa de **niebla**. Ojos Brillantes estaba allí, esperándola.

—¿Puedes ver a mi hermano? —preguntó Ojos Brillantes.

—Oh, sí —contestó Pequeña Cara de Barro—. ¡Qué ser tan especial! ¡La cuerda de su arco está hecha de un arcoiris!

Detente Piensa Escribe

VOCABULARIO

¿Qué ve Pequeña Cara de Barro a través de la niebla?

_____

_____

_____

—Así es, Pequeña Cara de Barro —dijo Ojos Brillantes—. A partir de ahora te llamarás Estrella del Arcoiris.

Luego condujo a la joven hasta su tipi, le lavó la cara y le dio un precioso vestido para que se lo pusiera.

Entonces entró Viento Fuerte y miró a Estrella del Arcoiris **afectuosamente**.

—Quien dice la verdad siempre será capaz de ver la verdad —dijo—. De ahora en adelante, formarás parte de nuestra familia.

Detente   Piensa   Escribe

CONCLUSIONES

¿Por qué Ojos Brillantes le cambia el nombre a Pequeña Cara de Barro por "Estrella del Arcoiris"?

_____

_____

_____

1 ¿En qué se diferencia Pequeña Cara de Barro de sus hermanas?

_____

_____

_____

Pista

Busca pistas en las páginas 124, 129 y 130.

2 ¿Cómo sabes que Pequeña Cara de Barro quiere demostrarles a Ojos Brillantes y Viento Fuerte que dice la verdad?

_____

_____

_____

Pista

Busca pistas en la página 128.

3 ¿En qué se diferencia Viento Fuerte de los demás personajes del cuento?

_____

_____

_____

Pista

Busca pistas en la página 125.

¡Hazte un detective de la lectura!

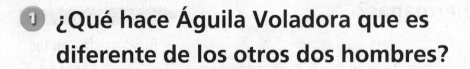

1 ¿Qué hace Águila Voladora que es diferente de los otros dos hombres?

"Montaña lejana"
Libro del estudiante,
págs. 471–487

☐ Llega hasta la cima.

☐ Vuelve con un objeto precioso.

☐ Está tratando de ser el nuevo cacique.

¡Pruébalo! ¿Qué evidencia de la selección apoya tu respuesta? Marca las casillas. ☑ Toma notas.

Evidencia	Notas
☐ lo que dice Jefe Cielo	
☐ lo que dicen los hombres	
☐ las ilustraciones	

¡Escríbelo!

COMPARAR Y CONTRASTAR

Responde a la pregunta **1** usando evidencia del texto.

_____

_____

_____

_____

131A

2 ¿El viejo cacique elige a Águila Voladora para que sea el nuevo cacique porque llega a la cima de la montaña?

☐ sí ☐ no ☐ no se puede saber

¡Pruébalo! ¿Qué evidencia de la selección apoya tu respuesta? Marca las casillas. ☑ Toma notas.

Evidencia	Notas
☐ la tarea que Jefe Cielo encomienda a los hombres	
☐ lo que dicen y hacen los tres hombres	
☐ lo que dice y hace Jefe Cielo	
☐ las ilustraciones	

¡Escríbelo!

CONCLUSIONES

Responde a la pregunta **2** usando evidencia del texto.

_____

_____

_____

_____

_____

_____

131B

Lección

14

✓ **VOCABULARIO CLAVE**

compañero

habilidad

leal

tendido

Animales inteligentes

Marca la respuesta correcta.

1 Los delfines tienen la _____ de hablar entre sí. Emiten sonidos especiales que otros delfines entienden.

☐ **principal**   ☐ **habilidad**   ☐ **cliente**

2 Las ballenas jorobadas trabajan como _____ para obtener comida. Una de las ballenas echa burbujas debajo de un grupo de peces. La otra ballena produce sonidos para asustarlos. Entonces los peces suben a la superficie y las ballenas se los comen allí.

☐ **compañeras**   ☐ **aficionadas**
☐ **aplausos**

3 Los perros pasan el tiempo _____ cuando no hay nadie en casa. Suelen saber la hora a la que la gente vuelve a casa, por lo que esperan cerca de la puerta o miran por la ventana.

☐ **tendidos**   ☐ **pausando**   ☐ **rastreando**

132

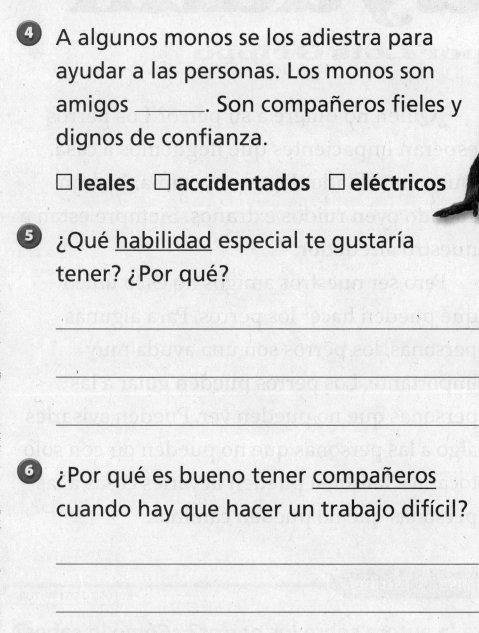

4 A algunos monos se los adiestra para ayudar a las personas. Los monos son amigos _____. Son compañeros fieles y dignos de confianza.

☐ **leales**   ☐ **accidentados**   ☐ **eléctricos**

5 ¿Qué <u>habilidad</u> especial te gustaría tener? ¿Por qué?

_____

_____

_____

6 ¿Por qué es bueno tener <u>compañeros</u> cuando hay que hacer un trabajo difícil?

_____

_____

_____

Perros que ayudan

por Lois Grippo

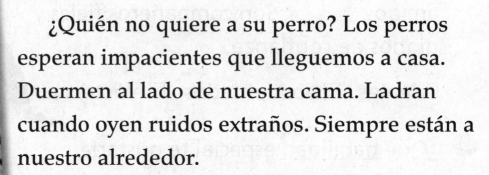

¿Quién no quiere a su perro? Los perros esperan impacientes que lleguemos a casa. Duermen al lado de nuestra cama. Ladran cuando oyen ruidos extraños. Siempre están a nuestro alrededor.

Pero ser nuestros amigos no es lo único que pueden hacer los perros. Para algunas personas, los perros son una ayuda muy importante. Los perros pueden guiar a las personas que no pueden ver. Pueden avisarles algo a las personas que no pueden oír con solo tocarlas. También pueden llevarles cosas a las personas que no pueden caminar.

Detente   Piensa   Escribe

PROPÓSITO DEL AUTOR

¿Qué piensa la autora sobre los perros? ¿Cómo lo sabes?

_____

_____

_____

Adiestramiento

¿Cómo se convierte un cachorro en un perro guía? Pues, ¡tiene que ir a la escuela! Estas escuelas son lugares especiales. En la escuela trabajan adiestradores de perros, que enseñan a los perros a cuidar de las personas que tienen necesidades especiales.

Un perro guía trabajando

El perro guía tiene que aprender muchas cosas. Tiene que aprender la diferencia entre un semáforo en rojo y uno en verde. Tiene que aprender cómo actuar dentro de un autobús y con los demás animales. Tiene que aprender a obedecer a su dueño.

| Detente | Piensa | Escribe |

CAUSA Y EFECTO

¿Por qué un perro tiene que ir a la escuela antes de convertirse en perro guía?

_____

_____

_____

El comienzo

El perro guía tiene que aprender a hacer trabajos especiales. ¿Qué tipo de trabajos tiene que aprender un perro? Depende de las necesidades de su dueño. Los adiestradores se aseguran de que el perro sepa hacer los trabajos que necesita esa persona.

Por último, el perro adiestrado y su nuevo dueño se conocen. Entonces aprenden a vivir como **compañeros**. El perro ayuda a su dueño. El dueño se ocupa y cuida del perro.

El perro guía y su dueño son compañeros.

Detente Piensa Escribe

VOCABULARIO

¿Por qué dice la autora que el perro y su dueño son compañeros?

_____

_____

_____

136

Perros videntes

Los perros videntes son un tipo de perro guía. Su trabajo consiste en ver por la persona que no puede.

El perro vidente ayuda a su dueño en casa y en el exterior. El perro dirige a su dueño de un lugar a otro. No camina ni demasiado rápido ni demasiado despacio. El perro protege a su dueño.

Los perros videntes son inteligentes. Se detienen cuando ven un semáforo en rojo y dirigen a su dueño para que cruce cuando la luz cambia a verde.

Detente   Piensa   Escribe

IDEA PRINCIPAL Y DETALLES

¿Cómo ayudan los perros videntes a sus dueños?

_____

_____

_____

Oír por el dueño

Los sonidos llevan información. Algunos sonidos dan avisos o advertencias. Los bebés lloran. Las alarmas suenan. Algunas personas no tienen la **habilidad** de oír. Por eso, no se pueden dar cuenta de si hay algún peligro.

Algunos perros son adiestrados para oír lo que sus dueños no pueden. Se les enseña a conocer diferentes sonidos. Tal vez el perro esté durmiendo o **tendido** en el suelo. Pero si hay un ruido, el perro entra en acción. Sale corriendo hacia donde está su dueño y lo alerta sobre el sonido en cuestión.

Detente   Piensa   Escribe

INFERIR Y PREDECIR

Si una persona no oye bien, ¿cómo puede advertirle un perro guía que hay alguien llamando a la puerta?

_____

_____

_____

Héroes

Algunas personas no pueden caminar. Pueden emplear una silla de ruedas, pero sigue habiendo cosas que no pueden hacer.

A los perros se los puede adiestrar para ayudar a estas personas. Se les enseña a agarrar o recoger cosas, a encender y apagar luces, e incluso a empujar una silla de ruedas.

Los perros guía son verdaderos héroes y amigos **leales**. Ayudan a las personas con necesidades especiales. ¿Y qué piden a cambio? ¡Nada más que algo que comer y una caricia de vez en cuando!

Detente   **Piensa**   **Escribe**

VOCABULARIO

¿Qué tipo de cosas haría un amigo <u>leal</u>?

_____

_____

_____

139

El cuidado del perro

Los perros cuidan de las personas. Las personas necesitan saber cómo cuidar de los perros.

- Los perros necesitan correr. Asegúrate de sacar a tu perro al menos dos veces al día.

- Los perros necesitan ir al médico, al igual que las personas. Necesitan vacunas especiales para mantenerse sanos.

- Mantén a tu perro limpio. Cepíllale el pelo y báñalo regularmente.

- Aliméntalo con comida saludable. Asegúrate también de que disponga siempre de abundante agua.

- ¡Sé tan cariñoso y leal con tu perro como él lo es contigo!

Detente **Piensa** **Escribe**

PROPÓSITO DEL AUTOR

¿Por qué explica la autora cómo cuidar a un perro?

_____

_____

_____

Vuelve a leer y responde

1 ¿Crees que la autora escribió esta selección con el fin de persuadir al lector de que obtenga un perro guía? ¿Por qué?

Pista

Puedes encontrar pistas a lo largo de todo el texto. Para ver ejemplos, mira las páginas 135 y 137.

_____

_____

_____

2 ¿Qué dos cosas podría hacer un perro guía por una persona que no puede caminar?

Pista

Busca pistas en la página 139.

_____

_____

_____

3 ¿Cuáles serían dos formas de cuidar a un perro?

Pista

Busca pistas en la página 140.

_____

_____

_____

141

¡Hazte un detective de la lectura!

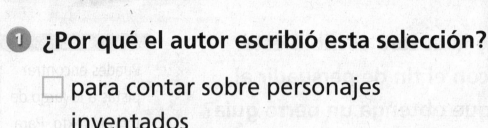

Vuelve a

Aero y el policía Miguel
COMPAÑEROS POLICÍAS

por Joan Plummer Russell
fotografías por Kris Turner Sinnenberg

"Aero y el policía Miguel"
Libro del estudiante,
págs. 505–521

1 **¿Por qué el autor escribió esta selección?**

☐ para contar sobre personajes inventados

☐ para contar sobre perros policía de verdad

☐ para contar qué perros son los mejores perros policía

¡Pruébalo! ¿Qué evidencia de la selección apoya tu respuesta? Marca las casillas. ☑ Toma notas.

Evidencia	Notas
☐ hechos sobre el trabajo de Aero	
☐ hechos sobre el entrenamiento de los perros policía	
☐ hechos sobre el sentido del olfato de un perro policía	
☐ las fotografías	

¡Escríbelo!

PROPÓSITO DEL AUTOR

Responde a la pregunta **1** usando evidencia del texto.

_____

_____

_____

_____

2 **¿Cuál es la idea más importante de la selección?**

☐ Aero y el policía Miguel son compañeros policías.

☐ Andan en un carro especial de policía.

☐ Los perros pueden correr mucho más rápido que las personas.

¡Pruébalo! ¿Qué evidencia de la selección apoya tu respuesta? Marca las casillas. ☑   Toma notas.

Evidencia	Notas
☐ detalles sobre los trabajos de Aero	
☐ detalles sobre el entrenamiento de Aero	
☐ las fotografías	
☐	

¡Escríbelo!

IDEAS PRINCIPALES Y DETALLES DE APOYO

Responde a la pregunta 2 usando evidencia del texto.

_____

_____

_____

_____

_____

141B

Gente trabajando junta

Era el cumpleaños de Mamá. Marta y Elena querían prepararle el desayuno. Marta y Elena se miraron **nerviosas**. ¿Qué podían hacerle?

Papá entró en la cocina y vio que Marta y Elena estaban **tensas**.

—A Mamá le gustan los panqueques de banana —dijo Papá—. Así que, en primer lugar, vamos a sacar los **ingredientes**.

Papá sacó huevos, leche y harina. Por su parte, Marta y Elena hicieron puré de banana y luego lo mezclaron todo en un tazón.

Papá cocinó los panqueques y Marta y Elena se los llevaron a Mamá, que les dio un gran abrazo.

—Es el mejor cumpleaños que he tenido —**comentó** Mamá.

142

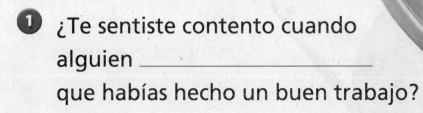

1 ¿Te sentiste contento cuando
alguien _____
que habías hecho un buen trabajo?

2 Es importante conseguir los
_____ antes de
empezar a cocinar.

3 Es posible que las amigas se miren
_____ antes de empezar
una prueba.

4 Escribe una palabra que signifique lo
opuesto de <u>tensas</u>.

_____

5 Escribe una palabra que tenga el mismo
significado que <u>comentó</u>.

_____

Dumplings de albóndigas suecas con salsa de mostaza

por

Margaret Maugenest

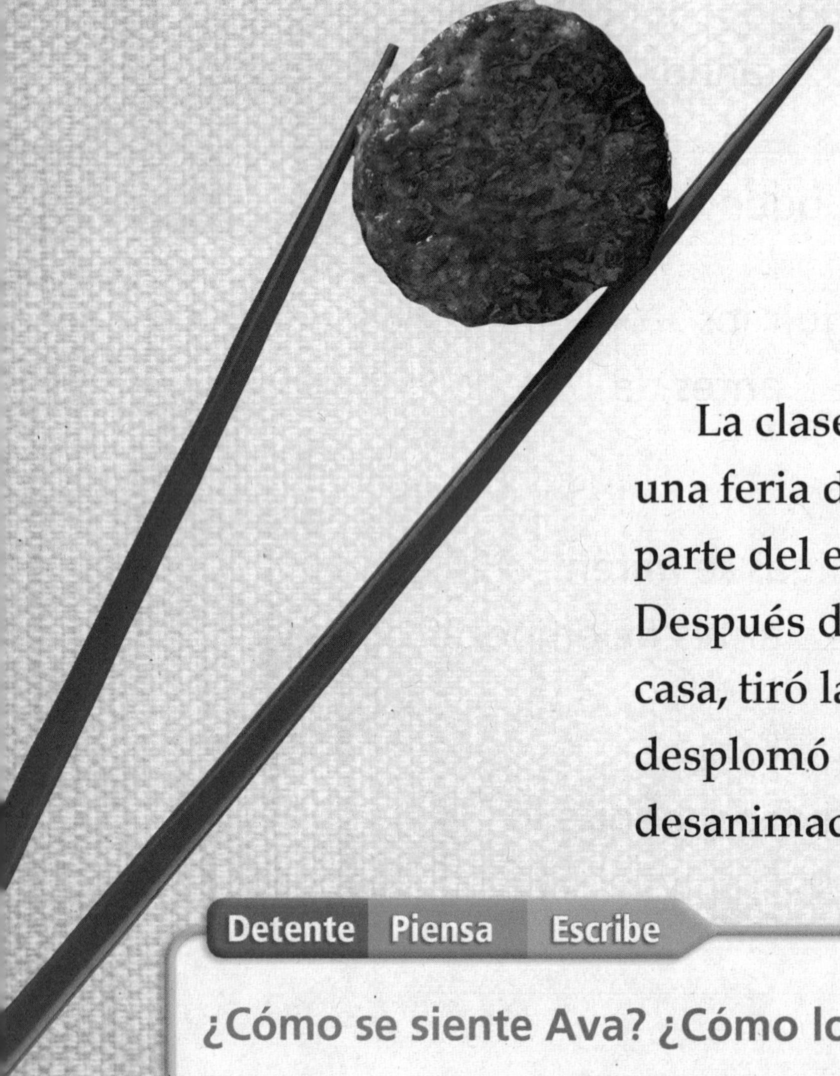

La clase de Ava iba a celebrar una feria de comidas. Ava formaba parte del equipo de planificación. Después de la reunión, se fue a casa, tiró la mochila al suelo y se desplomó en una silla. Se la veía desanimada.

Detente Piensa Escribe

COMPRENDER A LOS PERSONAJES

¿Cómo se siente Ava? ¿Cómo lo sabes?

_____

_____

_____

—¿Qué te pasa? —le preguntó su mamá.

—Tengo que llevar un plato para la feria —dijo Ava—. El plato debe indicar algo sobre el origen de mi familia, y solo puedo llevar un plato.

—Pues haz tus *dumplings* chinos. ¡Son deliciosos! —**comentó** la mamá.

—No quiero. Ese es el plato que hago siempre —dijo Ava.

Dumplings

Detente Piensa Escribe

VOCABULARIO

¿Cómo reaccionó Ava cuando su mamá <u>comentó</u> que sus *dumplings* eran deliciosos?

_____

_____

_____

145

—¿Y qué tal si haces las albóndigas suecas de la abuela Ida? Solía hacerlas en Suecia y continúa haciéndolas aquí —dijo Mamá.

Ava negó con la cabeza.

—Me gustan las albóndigas, pero no las quiero hacer para la feria —contestó Ava.

Ningún plato parecía bueno para la feria. Ava se quedó mirando nerviosa a su mamá. ¿Qué podía llevar?

Detente   Piensa   Escribe

¿Qué piensa Ava sobre las ideas de su mamá?

_____

_____

_____

—¿Y si haces algún plato de la familia de Papá? —preguntó Mamá—. Originalmente son de Polonia, y la mamá de Papá fue una gran cocinera. Yo tengo sus recetas.

La mamá de Ava sacó una carpeta.

—Veamos —dijo—. Aquí hay col rellena polaca. Hay una receta de pescado para untar. También hay salsa de mostaza. Estos platos son fáciles de preparar. ¡También son muy sabrosos!

Detente   Piensa   Escribe

CONCLUSIONES

¿Cómo sabes que la mamá de Ava la quiere ayudar?

_____

_____

_____

Ava no escuchaba a su mamá y solamente miraba al suelo. Fruncía el ceño y se sentía **tensa** y preocupada.

—¿Qué te pasa? —preguntó Mamá.

—Solo puedo llevar un plato, ¡y no hay ninguno que represente a toda mi familia! Yo soy de más de una parte. Está la parte de mi nacimiento en China. Está la parte sueca que viene de ti. ¡Y además está la parte polaca de Papá!

Detente Piensa Escribe

VOCABULARIO

¿Por qué se siente <u>tensa</u> Ava con respecto al único plato que debe llevar?

_____

_____

_____

Mamá le dio un gran abrazo a Ava.

—No te preocupes. Encontraremos el plato perfecto que cuente tu historia —le dijo.

—¿Un plato combinado? —preguntó Ava.

—Sí. Pensemos en algo nuevo —dijo Mamá.

Los ojos de Ava se iluminaron y en su cara apareció una gran sonrisa.

Detente Piensa Escribe

COMPRENDER A LOS PERSONAJES

¿Cómo se siente Ava ahora?

_____

_____

_____

149

—¿Qué te parece la col rellena polaca? La puedo hacer con salsa de soja china y mermelada sueca —dijo Ava.

—No me convence la mermelada —dijo Mamá—. Podríamos hacer *dumplings* con pescado para untar, ¿te parece?

—¡Puaj! —respondió Ava. Y luego sonrió—. ¡Ya lo sé! Haré *dumplings* de albóndigas suecas con salsa de mostaza.

—¡Eso suena fenomenal! —dijo Mamá—. Vamos a conseguir los **ingredientes** ¡y empecemos!

Detente   Piensa   Escribe

VOCABULARIO

¿Dónde pueden conseguir los cocineros los <u>ingredientes</u> que precisan?

_____

_____

_____

Vuelve a leer y responde

1 Escribe dos palabras que describan a la mamá de Ava.

Pista

¡Puedes encontrar pistas a lo largo de todo el cuento!

_____

_____

2 ¿Cuáles son los orígenes de las distintas partes familiares de Ava?

Pista

Busca pistas en la página 148.

_____

_____

_____

3 ¿Por qué está contenta Ava de hacer una combinación de platos?

Pista

Busca pistas en la página 149.

_____

_____

_____

¡Hazte un detective de la lectura!

Vuelve a

UN DOMINGO SÚPER ESPECIAL

por Beverly Cleary
Ilustrado por Sam Valentino

"Un domingo súper especial"
Libro del estudiante,
págs. 539–557

1 **¿Qué palabra describe mejor a Ramona?**

☐ enojada ☐ hambrienta

☐ perfecta ☐ desordenada

¡Pruébalo! ¿Qué evidencia de la selección apoya tu respuesta? Marca las casillas. ☑ Toma notas.

Evidencia	Notas
☐ lo que dice y piensa Ramona	
☐ lo que sucede en el cuento	
☐ las ilustraciones	

¡Escríbelo!

COMPRENDER A LOS PERSONAJES

Responde a la pregunta 1 usando evidencia del texto.

_____

_____

_____

_____

_____

2 **¿Por qué Beezus y Ramona tienen problemas para preparar todos los platos de comida? (Marca todas las respuestas que correspondan).**

☐ No tienen ninguna receta.

☐ No verifican los ingredientes primero.

☐ Los platos se cocinan a diferentes temperaturas en el horno.

¡Pruébalo! ¿Qué evidencia de la selección apoya tu respuesta? Marca las casillas. ☑ Toma notas.

Evidencia	Notas
☐ lo que dice o hace Ramona	
☐ lo que dice o hace Beezus	
☐ lo que la autora nos dice directamente	
☐ las ilustraciones	

¡Escríbelo!

CAUSA Y EFECTO

Responde a la pregunta ② usando evidencia del texto.

_____

_____

_____

_____

✓ VOCABULARIO CLAVE

basura

envase

proyecto

reciclar

El reciclaje

Marca la respuesta correcta.

1 Los Estados Unidos producen una gran cantidad de _____, parte de la cual se entierra en vertederos y parte se quema.

☐ **basura** ☐ **ingrediente** ☐ **tablas**

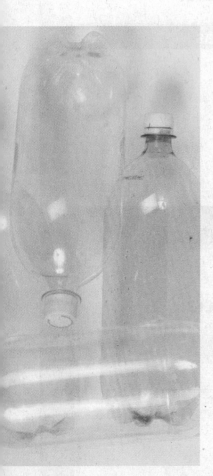

2 Podemos generar menos productos de desecho. ¡Podemos _____! Si volvemos a usar los materiales podemos producir una cosa a partir de los desechos de otra.

☐ **imaginar** ☐ **erupcionar** ☐ **reciclar**

3 Se pueden reciclar muchas cosas. Las botellas de plástico se pueden convertir en sillas. Un/a _____ se puede convertir en papel.

☐ **cosecha** ☐ **envase** ☐ **marea**

4 Puedes llevar desechos a un centro de reciclaje. Puedes reutilizar cosas en tu casa. Puedes usar latas o cajas para un _____ escolar.

☐ **proyecto**   ☐ **basura**   ☐ **consejo**

5 ¿Dónde deberías desechar un <u>envase</u> de leche vacío?

_____

_____

_____

6 ¿Qué tipo de cosas <u>recicla</u> tu escuela?

_____

_____

_____

La idea de Mark

por Dina McClellan

La clase de Jamal está aprendiendo sobre el reciclaje. Los estudiantes tienen que hacer un **proyecto**. Tienen que demostrar cómo **reciclar**.

Jamal quiere hacer un video, por lo que le pide ayuda a Jen, Paul y Mark.

Jamal ha escrito unas notas y las consulta con su maestra. A ella le gustan sus ideas. ¡El **proyecto** está en marcha!

Detente   Piensa   Escribe

VOCABULARIO

Jamal está grabando un video. ¿Qué otro **proyecto** sobre reciclaje se te ocurre?

_____

_____

_____

_____

Jamal y sus amigos se dirigen al salón de los maestros. El Sr. Ruiz los ve llegar.

—¿Qué sucede, jóvenes? —pregunta el Sr. Ruiz.

—Estamos haciendo un video sobre reciclaje —dice Paul—. ¿Podemos filmar la papelera del salón de los maestros?

El Sr. Ruiz sonríe.

—¿Un video sobre reciclaje? ¡Qué buena idea! —dice—. La Srta. Hill también está aquí. Quizá pueda ayudarlos también.

Detente **Piensa** **Escribe**

PROPÓSITO DE LA AUTORA

El Sr. Ruiz dice que el video sobre reciclaje es una gran idea. ¿Estará de acuerdo con esto la autora de este cuento? Explica tu repuesta.

___

___

___

Jen lleva la cámara y enfoca a la **basura**.
En total hay cuatro papeleras. Una es para
plástico. Otra es para papel. Otra es para latas.
La última es para el resto de los desperdicios.
Todo parece en orden.

Jen enfoca con la cámara al Sr. Ruiz y a
la Srta. Hill, que cuentan cómo reciclan los
maestros. Cuando terminan, los jóvenes les
dan las gracias y se marchan.

—Nuestro video cuenta con buenos datos,
pero no me parece que sea muy divertido —dice
Jamal.

Detente   Piensa   Escribe

VOCABULARIO

¿Por qué los maestros echan la <u>basura</u> en distintos
contenedores?

_____

_____

_____

156

—Veamos cómo reciclan los estudiantes —dice Jen—. Puede resultar divertido.

El grupo se dirige al comedor. Jamal lleva la cámara y Jen y Paul sonríen.

—Aquí está la papelera para latas —dice Paul—. Y dentro vemos...

Paul se detiene y frunce el ceño.

—¡Aquí veo bolsas de plástico, botellas y un **envase** de leche! —dice—. ¡Nada de esto debería estar aquí!

—¡Deja de grabar! —dice Jen.

Detente   Piensa   Escribe

CAUSA Y EFECTO

¿Por qué dice Jen "¡Deja de grabar!"?

_____

_____

_____

—¡El **proyecto** está en peligro!
—dice Jen—. Los estudiantes están
tirando cosas en las papeleras que
no corresponden. ¡No podemos
hacer un video sobre eso!

—¡Yo sé qué hacer! —dice
Mark—. No tenemos que hacer
un video sobre el reciclaje nada
más. Podemos hacer un video
que explique cómo debe hacerse.
¡Mostremos cómo se recicla!

Detente Piensa Escribe

CAUSA Y EFECTO

¿Por qué piensa Jen que está en peligro el <u>proyecto</u> de reciclaje?

_____

_____

_____

Jen y Paul se colocan al lado de las papeleras y Mark enciende la cámara.

—Las bolsas y los envases no se deben mezclar con las latas —dice Paul—. ¡Podemos enseñar la manera correcta de **reciclar**!

Jen y Paul recogen parte de la **basura** y la colocan en las papeleras correctas.

—Esto es más divertido —dice Jamal sonriendo—. ¡Nuestro video va a ser buenísimo!

Detente   Piensa   Escribe

ESTRUCTURA DEL CUENTO

¿Crees que Mark encontró una buena solución? ¿Por qué?

_____

_____

_____

¿Qué se fabrica con los materiales reciclados?

- Del **papel** obtenemos periódicos, cajas de cereales y papel de envolver.

- Del **plástico** obtenemos mesas, bancos, estructuras para estacionar bicicletas, cámaras, mochilas, zapatos y ropa.

- Del **vidrio** obtenemos botellas y baldosas.

- Del **caucho** obtenemos tablones de anuncios y equipos para el patio de juegos.

- Del **acero** obtenemos latas, bicicletas, carros y clavos.

Detente   Piensa   Escribe

PROPÓSITO DE LA AUTORA

¿Por qué crees que la autora escribió esta lista?

_____

_____

_____

Vuelve a leer y responde

1 ¿Qué aprendiste en este cuento sobre el reciclaje?

Pista

Busca pistas en las páginas 156, 157 y 160.

_____

_____

_____

2 ¿Por qué terminan los estudiantes haciendo un video de instrucciones sobre cómo reciclar?

Pista

Busca pistas en las páginas 157 y 158.

_____

_____

_____

3 ¿Piensa la autora que es importante reciclar? Explica tu respuesta.

Pista

Tus respuestas a las preguntas 1 y 2 pueden ayudarte.

_____

_____

_____

¡Hazte un detective de la lectura!

Vuelve a

"Judy Moody salva el planeta"
Libro del estudiante, págs. 15–37

1. **¿Qué suceso en el cuento hace que Judy decida empezar un balde de compost?**

   ☐ Ve un programa en la televisión.

   ☐ Su gato se come un plátano.

   ☐ El Sr. Todd le pide a la clase que ayuden al planeta.

¡Pruébalo! ¿Qué evidencia del cuento apoya tu respuesta? Marca las casillas. ☑ Toma notas.

Evidencia	Notas
☐ lo que dice y hace Judy	
☐ lo que dicen y hacen otros personajes	
☐ las ilustraciones	

¡Escríbelo!

ESTRUCTURA DEL CUENTO

Responde a la pregunta ① usando evidencia del texto.

_____

_____

_____

_____

2 ¿Piensa Judy que el Sr. Todd es un buen maestro?

☐ sí   ☐ no   ☐ no se puede saber

¡Pruébalo! ¿Qué evidencia del cuento apoya tu respuesta? Marca las casillas. ✓ Toma notas.

Evidencia	Notas
☐ lo que dice y hace Judy en la clase	
☐ lo que dice y hace el Sr. Todd en la clase	
☐ lo que hace Judy en su casa	

¡Escríbelo!

CONCLUSIONES

Responde a la pregunta **2** usando evidencia del texto.

_____

_____

_____

_____

_____

_____

Lección 17

✓ **VOCABULARIO CLAVE**

enterrado

evidencia

feroz

fósil

restos

Estudio de los animales del pasado

1 Muchos animales del pasado no viven en la actualidad. Solo podemos saber de ellos por sus **restos**.

¿Qué tipos de <u>restos</u> puede dejar un animal?

_____

_____

_____

2 Los expertos hacen excavaciones para hallar los huesos de estos animales. Los huesos están **enterrados** bajo capas de tierra y roca.

¿Por qué hay que tener cuidado en el momento de extraer los huesos de animales <u>enterrados</u>?

_____

_____

_____

162

3 A veces se encuentran pisadas, dientes y otros **fósiles** de antiguos animales.

¿Qué <u>fósiles</u> te gustaría ver?

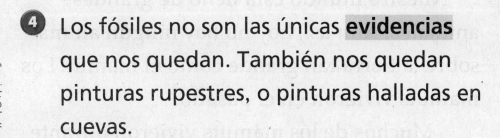

_____

_____

4 Los fósiles no son las únicas **evidencias** que nos quedan. También nos quedan pinturas rupestres, o pinturas halladas en cuevas.

Cuando visitas la casa de un amigo, ¿qué <u>evidencias</u> te indican que allí vive una mascota?

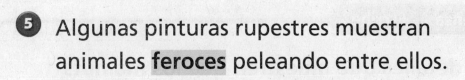

_____

_____

5 Algunas pinturas rupestres muestran animales **feroces** peleando entre ellos.

Nombra animales <u>feroces</u> que vivan actualmente.

_____

_____

Mamuts
En el pasado y en la actualidad

por Candyce Norvell

Nuestro mundo está lleno de grandes animales. Aun así, hoy no hay ningún animal sobre la tierra tan grande como el mamut. Los mamuts vivieron en el pasado.

Muchos de los mamuts vivieron durante la Edad del Hielo. En esa época, gran parte de la Tierra estaba congelada, cubierta de hielo. Los mamuts tuvieron que acostumbrarse a resistir el frío. Por eso, tenían mucho pelaje y grasa corporal para mantener el calor. Un mamut podía pesar alrededor de 6,000 libras.

Detente   Piensa   Escribe

IDEA PRINCIPAL Y DETALLES

Escribe dos detalles que muestren que los mamuts fueron grandes animales fuertes.

_____

_____

_____

Comedores de plantas

Los mamuts no cazaban otros animales. Eran comedores de plantas. Empleaban su trompa para alcanzar las hojas de los árboles. También arrancaban plantas del suelo. Usaban sus grandes dientes planos para masticar las plantas.

La trompa de los mamuts también servía para otras cosas. Con ella disfrutaban de un gran sentido del olfato. Les permitía quitar árboles y rocas de su camino. Incluso es posible que usaran la trompa para saludarse, uniéndolas unas con otras.

Detente Piensa Escribe

IDEA PRINCIPAL Y DETALLES

¿Para qué usaban su trompa los mamuts?

_____

_____

_____

La vida en una manada de mamuts

Los mamuts vivían juntos en manadas. En cada manada había varias familias y un único líder. El líder era la madre mamut más vieja o más fuerte de la manada.

Los miembros de una manada no siempre se llevaban bien. Podían ser **feroces** y pelear entre ellos con sus colmillos. Los comillos medían unos diez pies de largo y eran unas armas duras y fuertes. También podían emplearse para cavar en la nieve y así llegar a las plantas.

Detente   Piensa   Escribe

CONCLUSIONES Y GENERALIZACIONES

¿Por qué crees que los mamuts deambulaban en grupos?

_____

_____

_____

Los mamuts y los humanos

Los humanos cazaban mamuts. Los cazadores se enfrentaban a las bestias con armas de piedra. Comían la carne y usaban los huesos para fabricar armas y herramientas.

Los expertos creen que los cazadores valoraban mucho la caza de un mamut. Los cazadores dejaron pinturas de mamuts en cuevas. Las pinturas muestran a los mamuts de manera realista, como eran de verdad. Estas **evidencias** demuestran que los humanos conocían bien a los mamuts.

Detente Piensa Escribe

VOCABULARIO

¿Qué <u>evidencias</u> hay de que los humanos conocían bien a los mamuts?

_____

_____

_____

Hallazgo de mamuts

Los mamuts desaparecieron hace mucho tiempo. Aun así, sabemos lo grandes que eran. En 1974 se halló una gran cantidad de huesos de mamut. Se encontraron en una colina de Hot Springs, Dakota del Sur. Había una construcción de casas en la colina y los trabajadores, al excavar el terreno, ¡hallaron unos huesos inmensos! Eran huesos de mamuts. Los expertos aprendieron mucho gracias a esos huesos.

◄ 1

2 ▼

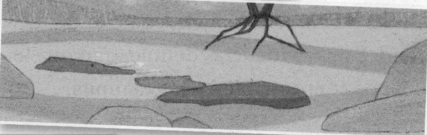

Detente   Piensa   Escribe

CONCLUSIONES Y GENERALIZACIONES

¿Cómo se descubrió en la época actual el gran tamaño de los mamuts?

_____

_____

_____

3 ▶

4 ▶

Esa zona había sido hacía mucho tiempo un gran agujero. El agujero estaba lleno de agua y de arcilla pegajosa. Es posible que los animales se acercaran a beber agua y se quedaran atrapados. Intentaron salir pero no pudieron.

Con el paso del tiempo, el manantial de agua se secó y los **restos** de los animales se quedaron **enterrados** allí. Los huesos no fueron hallados durante miles de años. En la actualidad, Hot Springs es uno de los mejores lugares para aprender sobre los mamuts.

Detente Piensa Escribe

VOCABULARIO

¿Qué tipo de <u>restos</u> de mamut se hallaron en Hot Springs?

_____

_____

_____

Los mamuts en nuestro mundo actual

El último mamut murió hace miles de años. ¿Cómo y por qué sucedió esto?

Los expertos piensan que el clima se volvió cálido con demasiada rapidez. Las plantas comenzaron a morir y los mamuts se quedaron sin comida. Tal vez, los cazadores los exterminasen. Jamás lo sabremos.

Para aprender sobre los mamuts estudiamos sus fósiles. Su historia nos puede ayudar a proteger los animales que viven en la actualidad.

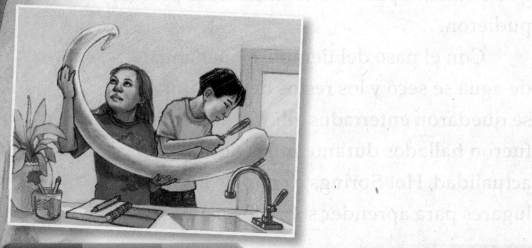

Detente | **Piensa** | **Escribe**

CONCLUSIONES Y GENERALIZACIONES

¿Por qué no nos dice la autora la razón de la inexistencia de los mamuts en la actualidad?

170

Vuelve a leer y responde

1 ¿Por qué es Hot Springs un buen lugar para aprender sobre los mamuts?

Pista

Busca pistas en las páginas 168 y 169.

_____

_____

_____

2 ¿Qué comían los mamuts? ¿Cómo crees que averiguamos eso?

Pista

Busca pistas en la página 165.

_____

_____

_____

3 La autora da dos posibles razones de la desaparición de los mamuts. ¿Qué razón te parece más razonable a ti? ¿Por qué?

Pista

Busca pistas en la página 170.

_____

_____

_____

_____

¡Hazte un detective de la lectura!

"El misterio del albertosaurio"
Libro del estudiante, págs. 59–75

Vuelve a

1 ¿Cómo llegaron los científicos a la conclusión de que los albertosaurios eran carnívoros?

☐ estudiando sus huevos fosilizados

☐ estudiando sus dientes y mandíbulas

☐ estudiando cómo estaban enterrados

¡Pruébalo! ¿Qué evidencia de la selección apoya tu respuesta? Marca las casillas. ☑ Toma notas.

Evidencia	Notas
☐ lo que dice el texto	
☐ lo que dicen las leyendas	
☐ las fotografías y los dibujos	

¡Escríbelo!

CONCLUSIONES

Responde a la pregunta **1** usando evidencia del texto.

_____

_____

_____

_____

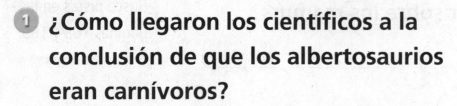
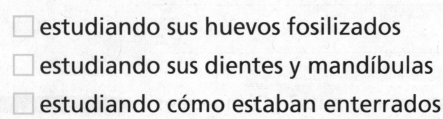

2 **¿Qué hizo que Phillip Currie fuera a la zona árida a buscar albertosaurios?**

☐ un mapa elaborado por Barnum Brown

☐ los huesos de albertosaurios en el museo

☐ una llamada telefónica de Rodolfo Coria

¡Pruébalo! ¿Qué evidencia de la selección apoya tu respuesta? Marca las casillas. ☑ Toma notas.

Evidencia	Notas
☐ lo que hizo Barnum Brown	
☐ lo que hizo Philip Currie	
☐ pistas de los títulos y leyendas	
☐ las fotografías y otras ilustraciones	

¡Escríbelo!

CAUSA Y EFECTO

Responde a la pregunta 2 usando evidencia del texto.

_____

_____

_____

_____

_____

✓ **VOCABULARIO CLAVE**

absorber
almacenar
cubierto
guirnalda
por todo

Árboles

Los árboles hacen mucho más que dar sombra. Los árboles crean su propio alimento. Las hojas lo producen usando la energía del sol. Los árboles poseen unos tubos o conductos por donde transportan los alimentos hasta las raíces, donde pueden **almacenarlos**.

Las hojas de los árboles tienen muchas formas y tamaños. Algunas hojas son suaves, mientras que otras tienen un lado **cubierto** por una capa cerosa. Algunas hojas crecen en forma de **guirnaldas**, es decir, agrupadas entre sí.

Los árboles necesitan agua para crecer y vivir. Las raíces **absorben** agua y, desde allí, el agua se desplaza **por todo** el árbol a través de los conductos interiores.

1 Algunas hojas crecen en forma de

_____, es decir, agrupadas

entre sí.

2 Algunas hojas tienen una cara

_____ por una capa cerosa.

3 El agua se desplaza _____ el

árbol a través de los conductos interiores.

4 ¿De qué otra forma se puede decir

<u>absorber</u>?

_____

5 ¿Qué se puede <u>almacenar</u> en tu cuarto?

_____

_____

_____

La vida de un nogal americano

por Dina McClellan

Al bosque ha llegado el otoño. Las ardillas están buscando nueces. Tienen que **almacenarlas**, es decir, guardarlas para poder comer en invierno.

Esta ardilla no las almacena todas. Va a comer una de ellas, por lo que rompe la cáscara y se come el sabroso fruto seco.

Detente Piensa Escribe

CARACTERÍSTICAS DE TEXTOS Y DE LOS ELEMENTOS GRÁFICOS

¿Qué parte del texto encaja mejor con lo que ocurre en la ilustración?

_____

_____

_____

Una nuez agraciada

Otra ardilla encuentra una nuez de nogal americano. Pero oye un ruido, suelta la nuez y sale corriendo.

La nuez da contra una piedra, rebota y cae al suelo. Poco después, las hojas marchitas de los árboles cubren la nuez, escondiéndola.

Esta es una nuez agraciada, afortunada, porque podrá crecer y convertirse en un nogal, a diferencia de la gran mayoría, que no podrán. Las ardillas y otros animales se las comerán.

Detente Piensa Escribe

CARACTERÍSTICAS DE TEXTOS Y DE LOS ELEMENTOS GRÁFICOS

¿Se relaciona el encabezado "Una nuez agraciada" con el texto de esta página? ¿De qué forma?

_____

_____

_____

Fuera de vista

También a los osos les gustan las nueces, y las comen siempre que encuentran alguna.

Pero los osos no encuentran la nuez escondida bajo las hojas. Así que su cáscara al final se pudre y, en invierno, la nuez se hunde en el suelo.

Mientras tanto, los animales buscan comida en el bosque. Los conejos y los ratones tampoco encuentran la nuez. Ya se encuentra enterrada profundamente en el suelo.

Detente   Piensa   Escribe

CAUSA Y EFECTO

¿Por qué no pueden hallar la nuez los animales?

_____

_____

_____

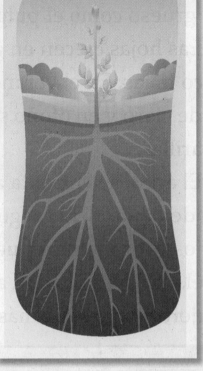

La semilla germina

En el bosque es primavera. La semilla germina dentro de la nuez y, de ella, crecen raíces que se hunden en el suelo. Las raíces **absorben** agua del suelo.

El pequeño árbol empieza a crecer. Pasan los años y el gran nogal americano sigue produciendo nueces. La mayoría de ellas no llegará a germinar.

Detente Piensa Escribe

IDEA PRINCIPAL Y DETALLES

¿Por qué son tan importantes las raíces del árbol?

_____

_____

_____

El árbol crece

El tiempo pasa y después de diez años, el árbol mide siete pies de alto. Es tan grueso como el pulgar de un adulto.

Las hojas crecen en **guirnaldas** de cinco hojas. En el verano son de color verde claro y en otoño se vuelven amarillas.

El árbol se enfrenta a muchos peligros. Pueden talarlo. El fuego puede provocarle daños y los insectos pueden hacer agujeros en él. Las aves pueden a su vez picotear los agujeros y hacerlos más grandes.

Detente   Piensa   Escribe

VOCABULARIO

Observa las guirnaldas **de hojas del árbol. ¿Cuántas hojas hay en cada guirnalda?**

_____

_____

_____

Envejecimiento

El tiempo sigue pasando y, tras veinte años, la corteza todavía es lisa y suave. El árbol tiene ahora treinta años y está **cubierto** por una capa exterior que empieza a rajarse. La corteza es firme y dura en el medio, pero los bordes comienzan a curvarse y a separarse del tronco. Esto hace que el árbol parezca áspero.

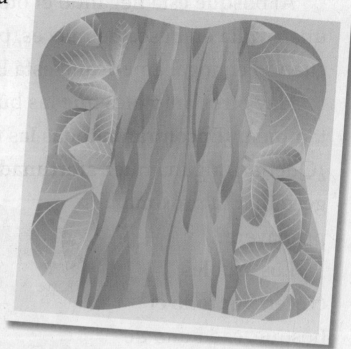

Las primeras nueces aparecen después de cuarenta años. Parte de las nueces terminan en el suelo, por lo que alguna de ellas quizá se convierta en árbol. ¡Los nogales americanos pueden vivir unos 300 años!

Detente Piensa Escribe

CARACTERÍSTICAS DE TEXTOS Y DE LOS ELEMENTOS GRÁFICOS

¿Cuántos años tiene el árbol de esta ilustración, aproximadamente? Fíjate en la corteza. Usa el texto como ayuda.

_____

_____

_____

179

El ciclo continúa

Al bosque está llegando el otoño. Aparece una ardilla en busca de nueces, pues sabe cuándo el nogal americano está lleno de ellas.

Hay otros animales que las buscan también. ¿Encontrarán todas las nueces? ¿Quedará alguna nuez afortunada que pueda germinar la próxima primavera?

Los árboles crecen **por todo** el bosque, cada uno de ellos en una etapa distinta de la vida.

Detente Piensa Escribe

VOCABULARIO

La ilustración muestra otras cosas que suceden en esta época del año por todo el bosque. Nombra tres de las cosas que veas.

_____

_____

Vuelve a leer y responde

1 ¿Qué tipos de animales buscan nueces de nogal americano?

_____

_____

_____

Pista

Busca pistas en las secciones "Una nuez agraciada" y "Fuera de vista".

2 ¿Cómo obtiene el nogal americano agua del suelo?

_____

_____

_____

Pista

Busca pistas en la sección que tiene un encabezado sobre germinaciones.

3 Observa los árboles de la primera y última página de la selección. ¿Por qué se parecen?

_____

_____

_____

_____

Pista

Piensa en la selección. Lee los encabezados para recordar la vida de un árbol.

¡Hazte un detective de la lectura!

"Crece un árbol"
Libro del estudiante,
págs. 93–115

1 ¿Qué hechos menciona la selección sobre los árboles de roble?

☐ Las hojas cambian de color.

☐ Los árboles de roble no tienen flores.

☐ Dentro de las semillas de los árboles de roble hay bellotas.

¡Pruébalo! ¿Qué evidencia de la selección apoya tu respuesta? Marca las casillas. ☑ Toma notas.

Evidencia	Notas
☐ el texto	
☐ las barras laterales y leyendas	
☐ las ilustraciones y etiquetas	

¡Escríbelo!

CARACTERÍSTICAS DEL TEXTO Y DE LOS ELEMENTOS GRÁFICOS

Responde a la pregunta 1 usando evidencia del texto.

_____

_____

_____

181A

_____

2 **¿Cuáles de las oraciones siguientes son ideas principales apoyadas por los detalles en la selección?**

☐ Los topos viven debajo de la tierra.

☐ Los árboles crecen y cambian a lo largo de su vida.

☐ Las partes del árbol lo ayudan a obtener alimento y protegerse.

¡Pruébalo! ¿Qué evidencia de la selección apoya tu respuesta? Marca las casillas. ☑ Toma notas.

Evidencia	Notas
☐ detalles sobre los topos	
☐ detalles sobre cómo crecen los árboles	
☐ detalles sobre las raíces y la corteza	

¡Escríbelo!

IDEAS PRINCIPALES Y DETALLES

Responde a la pregunta 2 usando evidencia del texto.

_____

_____

_____

_____

_____

✔ **VOCABULARIO CLAVE**

carga
somnoliento
vorazmente
vacilación
ignorar

No se permiten animales

—¡No es justo! — dijo el viejo

árbol—. Los animales se ponen

1 _____ bajo nuestra

sombra y se echan a dormir, comen

2 _____ de nuestras ramas,

y en vez de ser agradecidos, ¡nos dejan un

desastre! ¡Y apesta! ¡Qué horror!

—Lo sé —dijo el joven árbol—.

¡Intentemos alejar todo animal que se nos

acerque!

—Mala idea—, dijo el viejo

árbol—. Los animales serán una

3 _____, pero sirven su

propósito. Todos dependemos el uno del

otro: árboles, animales, personas. Un joven

árbol que **4** _____ a sus

mayores es un tonto.

El joven árbol no quería escuchar.

Ahuyentó a todos los animales ese mismo

día. Poco tiempo después, vino gente a

cortar ramas para hacer fuego.

El viejo árbol sabio dijo: —Ahora los hombres

vendrán sin **5** _____. Ya no

les temen a los animales.

La flauta encantada

de una leyenda nativoamericana

adaptada por Dina McClellan

Había una vez una viuda que tenía un hijo. Vivían una vida simple. Por las tardes se sentaban a mirar las montañas en la lejanía.

A medida que el hijo crecía, él sentía que debía partir. Se preguntaba cómo sería al otro lado de las montañas.

Pero la mamá del niño le advertía: *Nunca atravieses las montañas.*

Y el niño le hacía caso.

Detente   Piensa   Escribe

CAUSA Y EFECTO

¿Por qué el niño nunca atraviesa las montañas?

_____

_____

_____

De todas maneras el niño sentía curiosidad. Él amaba a su madre y a su hogar, pero había llegado la hora de ver el mundo.

Su madre lo entendió.

—Una madre que **ignora** el deseo de su hijo de ver el mundo, no es una buena madre —le dijo—. Yo no seré una **carga** para ti.

Para mantener a su hijo a salvo de peligros, le obsequió una flauta.

—Esta no es una simple flauta, es una flauta encantada. Tócala si necesitas ayuda.

El niño le prometió que lo haría. Luego partió.

Detente Piensa Escribe

ESTRUCTURA DEL CUENTO

¿Qué planea hacer el niño?

_____

_____

_____

185

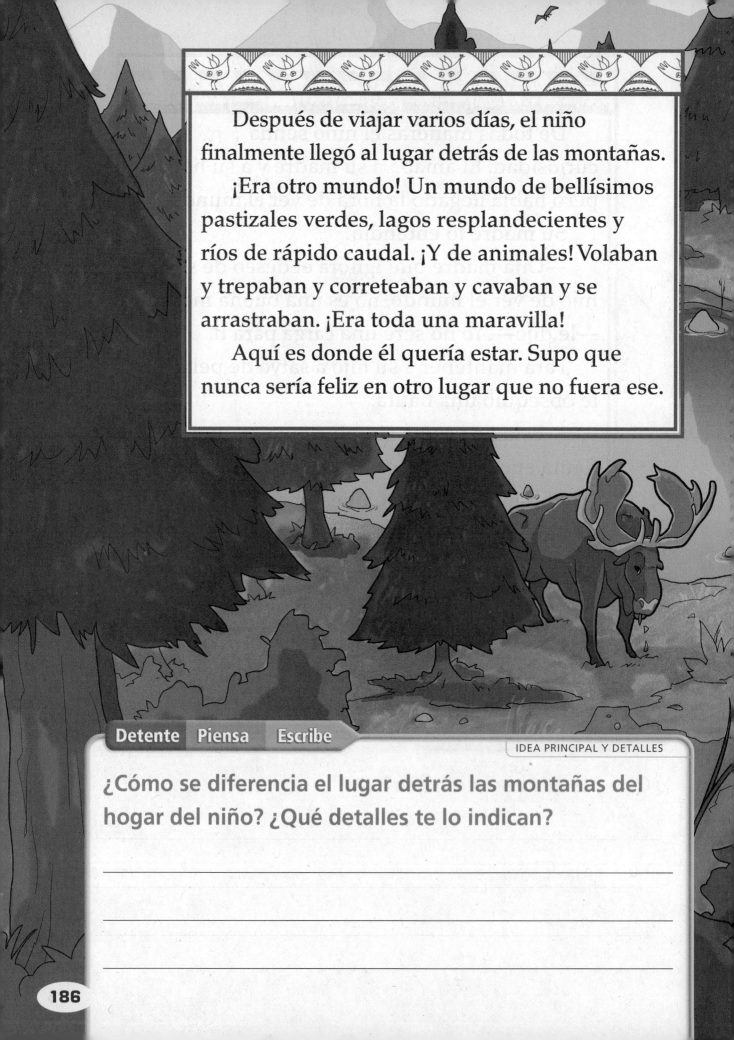

Después de viajar varios días, el niño finalmente llegó al lugar detrás de las montañas.

¡Era otro mundo! Un mundo de bellísimos pastizales verdes, lagos resplandecientes y ríos de rápido caudal. ¡Y de animales! Volaban y trepaban y correteaban y cavaban y se arrastraban. ¡Era toda una maravilla!

Aquí es donde él quería estar. Supo que nunca sería feliz en otro lugar que no fuera ese.

Detente   Piensa   Escribe

IDEA PRINCIPAL Y DETALLES

¿Cómo se diferencia el lugar detrás las montañas del hogar del niño? ¿Qué detalles te lo indican?

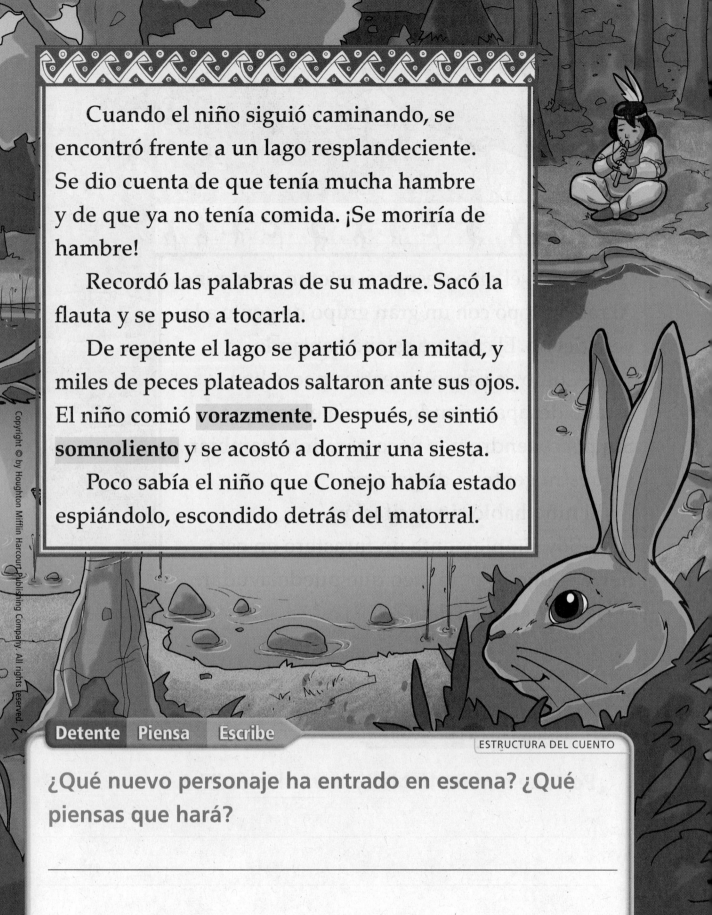

Cuando el niño siguió caminando, se encontró frente a un lago resplandeciente. Se dio cuenta de que tenía mucha hambre y de que ya no tenía comida. ¡Se moriría de hambre!

Recordó las palabras de su madre. Sacó la flauta y se puso a tocarla.

De repente el lago se partió por la mitad, y miles de peces plateados saltaron ante sus ojos. El niño comió **vorazmente**. Después, se sintió **somnoliento** y se acostó a dormir una siesta.

Poco sabía el niño que Conejo había estado espiándolo, escondido detrás del matorral.

Detente   Piensa   Escribe

ESTRUCTURA DEL CUENTO

¿Qué nuevo personaje ha entrado en escena? ¿Qué piensas que hará?

_____

_____

_____

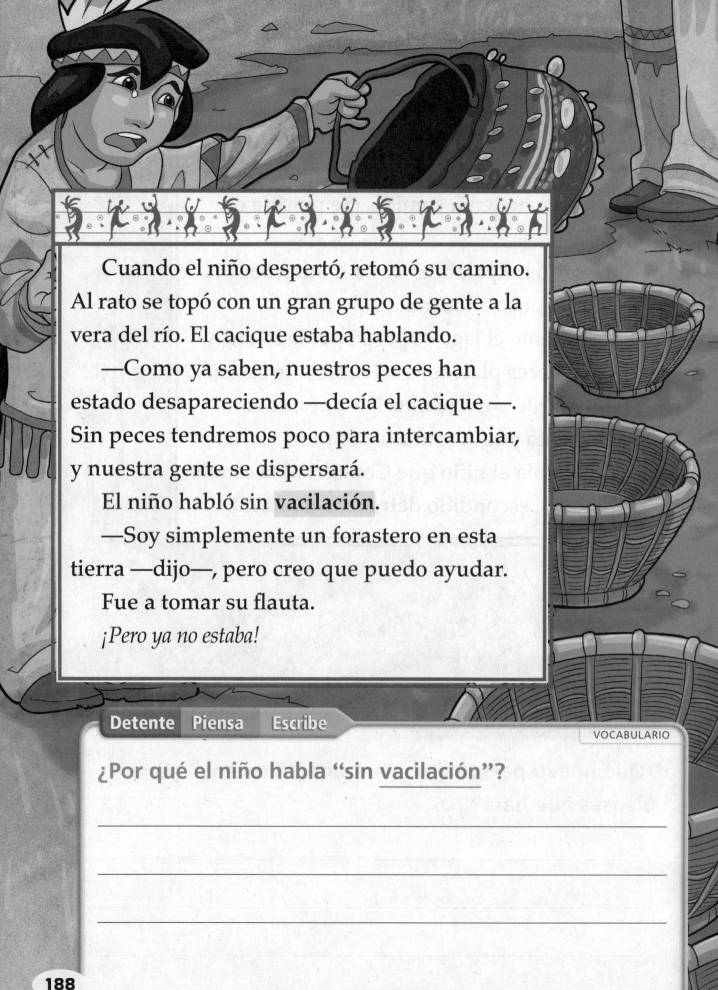

Cuando el niño despertó, retomó su camino. Al rato se topó con un gran grupo de gente a la vera del río. El cacique estaba hablando.

—Como ya saben, nuestros peces han estado desapareciendo —decía el cacique —. Sin peces tendremos poco para intercambiar, y nuestra gente se dispersará.

El niño habló sin **vacilación**.

—Soy simplemente un forastero en esta tierra —dijo—, pero creo que puedo ayudar.

Fue a tomar su flauta.

¡Pero ya no estaba!

Detente Piensa Escribe

¿Por qué el niño habla "sin vacilación"?

_____

_____

_____

—¡No lo escuchen! —gritó Conejo—. ¡Él no sirve de nada! ¡Solo *yo*, Conejo, podré ayudarlos!

Sacó la flauta y la zarandeó por el aire.

Luego sopló por agujero.

—Psh…psh…psh…

Nada pasó.

Probó nuevamente, esta vez con más fuerza.

—Pshsh… pshsh…

En un instante, Conejo estaba rodeado de mil insectos enojados.

Detente Piensa Escribe

COMPRENDER A LOS PERSONAJES

¿Qué tipo de personaje es Conejo? Escribe algunas palabras para describirlo.

_____

_____

_____

—¡Aaaaaaaaaaaaaaaayyyyyyyy! —Conejo chilló mientras los insectos lo picaban. En medio del pánico, saltó al río. Nunca lo volvieron a ver.

El niño se zambulló al río para recuperar su flauta. Sacudió el agua de adentro y sopló. Enseguida, miles de peces saltaron del agua para aterrizar a los pies del Cacique.

El cacique le dio la bienvenida al niño y lo aceptó en su clan. Le dio un nuevo nombre, *Tcilokogalgi*, que significa "el forastero" en la lengua de los creek.

Detente   Piensa   Escribe

ESTRUCTURA DEL CUENTO

¿Qué pasa al final del cuento?

1 ¿Por qué la mamá le permite al niño atravesar las montañas?

Pista

Busca pistas en la página 184.

_____

_____

_____

2 ¿Por qué desaparece la flauta del niño?

Pista

Busca pistas en la página 187.

_____

_____

_____

3 ¿Por qué "nunca volvieron a ver" a Conejo?

Pista

Piensa en cómo actúa Conejo en esta historia.

_____

_____

_____

¡Hazte un detective de la lectura!

"Dos oseznos"
Libro del estudiante
págs. 133 a 151

1 **¿Qué eventos importantes suceden en la escena 1?**

☐ Mamá Grizzly busca a sus oseznos.

☐ Una roca se convierte en una montaña.

☐ Los oseznos desobedecen a su madre.

¡Pruébalo! ¿Qué evidencia de la obra apoya tu respuesta? Verifica las casillas. ✓ Toma notas.

Evidencia	Notas
☐ títulos de las escenas	
☐ palabras habladas por los animales	
☐ palabras habladas por el locutor	

¡Escríbelo!

ESTRUCTURA DEL CUENTO

Responde la pregunta **1** usando evidencia del texto.

_____

_____

_____

_____

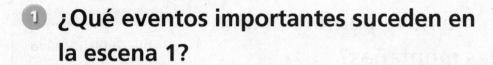
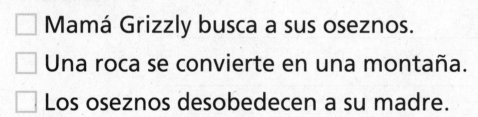

2 **¿De qué forma la escena 2 es diferente a la escena 3?**

☐ En la escena 2, la mamá no sabe dónde están los oseznos.

☐ En la escena 3, un animal logra trepar hasta los oseznos.

☐ En la escena 3, la montaña ya no es tan alta.

¡Pruébalo! ¿Qué evidencia de la obra apoya tu respuesta? Marca las casillas. ☑ Toma notas.

Evidencia	Notas
☐ lo que dicen los animales	
☐ lo que dice el narrador	
☐ ilustraciones	
☐ títulos de las escenas	

¡Escríbelo!

COMPARAR Y CONTRASTAR

Responde a la pregunta **2** usando evidencia del texto.

_____

_____

_____

_____

_____

191B

Groenlandia

✓ VOCABULARIO CLAVE

clima
constante
inhóspito
refugio
región

1 Groenlandia es la isla más grande del mundo. La **región** más grande de esa isla está cubierta de hielo. El hielo puede tener un grosor de hasta cuatro pies.

¿Qué región del mundo te gustaría visitar? ¿Por qué?

_____

_____

_____

2 El **clima** de Groenlandia tiene variaciones. En el norte, la temperatura cae casi siempre por debajo de cero.

Describe el clima del área donde vives.

_____

_____

_____

3 Durante el verano, la luz del sol es **constante** y siempre es de día.

Escribe un sinónimo de <u>constante</u>.

_____

4 Groenlandia no es solamente una isla de tierras **inhóspitas** y terrenos helados. Nuuk, su capital, es como cualquier otra gran ciudad. Hay edificios, atascos de tráfico y mucha gente.

¿Por qué crees que la gente quiere mantener las regiones <u>inhóspitas</u> tal como están en la actualidad?

_____

_____

5 Los iglús modernos, llamados "chozas espaciales", ofrecen **refugio** en las zonas más frías.

Nombra dos tipos de <u>refugio</u> que haya en tu pueblo o ciudad.

_____

Un mundo de hielo

por Lois Grippo

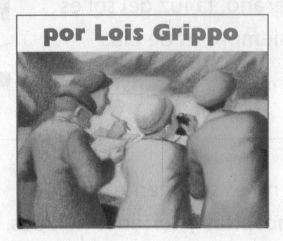

Invierno en el mar

Era el invierno de 1933. Louise Arner Boyd llevaba seis semanas navegando. Louise era una exploradora que, junto a su equipo, estaba trazando un mapa. El mapa era de la costa nordeste de Groenlandia. Se trataba de un trabajo peligroso.

No había señales de vida por ningún lugar. El mapa que dibujaban era de tierras **inhóspitas** y terrenos helados.

Detente Piensa Escribe IDEA PRINCIPAL Y DETALLES

¿Cuál crees que será la idea principal de este texto?

_____

_____

_____

El barco se dirigía hacia un glaciar. Louise se quedó mirando la montaña de hielo e hizo unas cuantas fotos. También tomaba notas de todo lo que veía.

Hacía mucho frío y no había **refugio** alguno para resguardarse del viento. Pero a Louise eso no le importaba.

—No hay penurias cuando estás haciendo lo que te interesa —solía decir.

Detente Piensa Escribe

VOCABULARIO

¿Cuál es el efecto de no tener refugio para resguardarse del viento? Explica tu respuesta.

_____

_____

_____

¡Varados!

De repente, el barco se sacudió bruscamente. Louise cayó de rodillas y oyó un fuerte crujido. El barco había varado.

—¡Den marcha atrás! —ordenó el capitán.

La tripulación puso los motores a toda máquina pero el barco no se movió en absoluto. ¡Estaban varados!

Detente **Piensa** **Escribe** CAUSA Y EFECTO

¿Por qué se sacudió el barco de repente?

_____

_____

_____

El nordeste de Groenlandia era un mal lugar para quedarse varados. El **clima** era duro y el invierno era la peor temporada. En esta **región** habían muerto de frío y hambre muchos exploradores.

No había ningún barco por los alrededores. Tampoco había ninguna aldea o ciudad. No había nadie que pudiera salvarlos. Louise y su equipo tendrían que salvarse por sí mismos.

Detente Piensa Escribe

VOCABULARIO

¿Por qué el nordeste de Groenlandia es una región peligrosa en invierno?

_____

_____

_____

Una situación peligrosa

La marea comenzó a descender y el nivel del agua a bajar. Mientras la tripulación consideraba la situación, su **constante** preocupación era que el barco volcara. Si empezaba a hacerlo, no podrían hacer nada por evitarlo.

Pero el barco no volcó. Cuando la marea comenzó a subir de nuevo, el barco no se elevó del barro. Era demasiado pesado y continuaba varado.

Detente Piensa Escribe

INFERIR Y PREDECIR

¿Por qué sería terrible si volcase el barco?

_____

_____

_____

Louise tiene un plan

La tripulación tenía que aligerar la carga, así que sacaron tres botes del barco. También descargaron varias toneladas de gasolina y petróleo. Tiraron carbón por la borda.

La marea volvió a subir, pero el barco permaneció encallado. De pronto, Louise vio un iceberg y se le ocurrió una idea. La tripulación ató un cable alrededor del iceberg para tratar de salir del barro.

Detente Piensa Escribe

IDEA PRINCIPAL Y DETALLES

¿Qué hizo la tripulación para aligerar la carga del barco?

_____

_____

_____

El capitán ordenó a la tripulación que pusiera los motores en marcha. El cable estaba sujeto a una palanca. Los motores rugían. La palanca comenzó a tirar del cable.

El cable se tensó fuertemente y comenzó a arrastrar el barco hacia el iceberg. ¡El barco salió del barro y empezó a flotar de nuevo!

El plan de Louise había funcionado. Luego, sin mayores problemas, el barco tomó rumbo al mar abierto y continuó su viaje.

Detente   Piensa   Escribe

CAUSA Y EFECTO

¿Cómo sacó la tripulación el barco del barro?

_____

_____

_____

Vuelve a leer y responde

1 ¿Cuál es la idea principal de esta selección?

Pista

Necesitarás hojear todo el relato.

_____

_____

_____

2 ¿Por qué le preocupaba a la tripulación que bajase la marea una vez que el barco se había varado?

Pista

Busca pistas en la página 198.

_____

_____

_____

3 ¿Te gustaría explorar una región como la del nordeste de Groenlandia? Explica tu respuesta.

Pista

Hay detalles sobre la región en las páginas 194, 195 y 197.

_____

_____

_____

¡Hazte un detective de la lectura!

Vuelve a

"La vida en el hielo"
Libro del estudiante,
págs. 169–185

1 **¿Es difícil vivir en un lugar muy frío?**

☐ sí

☐ no

¡Pruébalo! ¿Qué evidencia de la selección apoya tu respuesta? Marca las casillas. ☑ Toma notas.

Evidencia	Notas
☐ detalles sobre la ropa que usan las personas en el Polo Norte y en el Polo Sur	
☐ detalles sobre los alimentos que deben comer	
☐ detalles sobre la construcción de refugios	
☐ las fotografías	

¡Escríbelo!

IDEAS PRINCIPALES Y DETALLES

Responde a la pregunta **1** usando evidencia del texto.

_____

_____

_____

_____

_____

2 **¿Cuáles son algunas de las razones por las que los científicos pueden usar el hielo del Polo Norte para estudiar la contaminación del aire?**

☐ El hielo es muy antiguo.

☐ El hielo se mueve lentamente hacia el océano.

☐ El hielo ha atrapado la contaminación del aire.

¡Pruébalo! ¿Qué evidencia de la selección apoya tu respuesta? Marca las casillas. ☑ Toma notas.

Evidencia	Notas
☐ detalles sobre el hielo	
☐ detalles sobre lo que hacen los científicos	
☐ las fotografías	

¡Escríbelo!

CAUSA Y EFECTO

Responde a la pregunta **2** usando evidencia del texto.

_____

_____

_____

_____

_____

zumbar

recoger

pradera

olfatear

estampar

Médicos pioneros

La vida era dura para un médico en la **pradera**. A menudo se escuchaba a alguien tocando a su puerta en medio de la noche. El médico tenía que **recoger** su maletín, alistar su caballo y salir galopando. En el verano, espantaba a los mosquitos que **zumbaban** a su alrededor mientras cabalgaba. En el invierno **estampaba** sus huellas con sus zapatos de nieve sobre la planicie congelada.

Ocurrían incendios forestales, inundaciones, caídas de caballo y accidentes de caza.

El médico pionero atendía todo esto y más, armado solamente con su maletín de medicinas. Llevaba hierbas para comer, cremas para dar masajes, medicinas para **olfatear**, hasta llevaba un par de tenazas en caso de tener que sacar algún diente.

Por sus servicios, el médico pionero usualmente recibía huevos, mantequilla, gallinas o manzanas. Con razón muchos se iban después de un año o dos. ¡Preferían buscar mejor trabajo en la costa este!

1. El médico entrenó a su perro para _____ su maletín.

2. El caballo espantaba con la cola las moscas que _____.

3. El médico _____ el pecho del paciente con la mano mientras apoyaba su oreja para escuchar mejor.

4. Él solo quería _____ la tarta, pero olía tan bien, que se la comió.

5. Escribe unas palabras que describan la vida pionera en la pradera.

_____

_____

_____

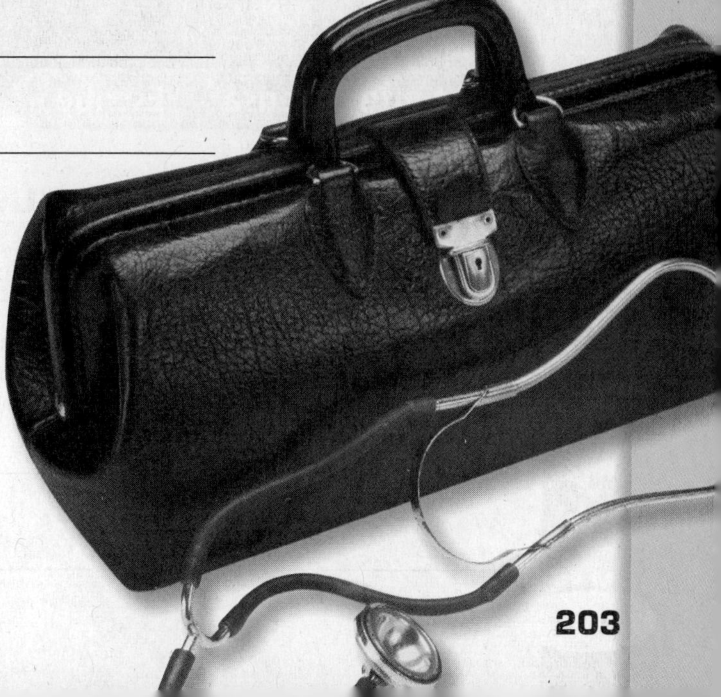

El rey de los gurumbetos

por Dina McClellan

Una vez por semana, Asa Dogwood y su esposa Mary **recogían** la carreta y partían a un viaje largo. Dirigían la carreta a Bearport para comprar provisiones.

Asa siempre estaba apurado por regresar, pero a Mary le agradaba detenerse en las ventas que ofrecían los granjeros a lo largo del camino. Este día en particular, Mary leyó un cartel que decía: HOY VENTA DE CHATARRA. El cartel colgaba en un granero. Mary le imploró a Asa que se detuviera.

Detente Piensa Escribe

INFERIR

¿Qué pistas te dicen que los Dogwoods viven en la pradera?

_____

_____

_____

—Mira, Mary —suspiró Asa—, tú ya sabes lo que hay allí adentro, las mismas tonterías que nosotros tenemos en *nuestra* granja. ¡Y siempre estamos tratando de deshacernos de todo eso!

—¡Por favor, Asa! —Mary insistió, mientras le sonreía dulcemente.

Por supuesto, Asa tuvo que ceder.

Juntos caminaron hacia la entrada de la granja y tocaron la puerta principal. Una amable mujer los recibió y los acompañó hasta el granero.

Detente   Piensa   Escribe

ESTRUCTURA DEL CUENTO

¿Dónde se detienen Asa y su esposa de regreso a casa de su viaje a Bearport?

_____

_____

_____

Mary revolvió pilas de muebles viejos, ropa, herramientas oxidadas, radios que **zumbaban** y fotos familiares mal tomadas. Asa, aburrido, se alejó.

De repente los ojos de Asa se posaron en un objeto que no podía identificar. Lo levantó. Lo **estampó** sobre la mesa. Lo **olfateó**. Decidió preguntarle a la amable mujer qué era.

—¡Es un gurumbeto! —le explicó.

Ella no sabe nada, Asa pensó.

Lo compró por 25 centavos.

Detente   Piensa   Escribe

INFERIR

¿Por qué dice la mujer que el objeto es un "gurumbeto"?

_____

_____

_____

Cuando llegaron a casa, Asa le mostró a Mary su nueva compra.

—¡Oooooooooooh! ¡Es hermoso! —exclamó Mary—. ¿Pero qué es exactamente?

—Se llama gurumbeto —le contestó.

Ella frunció el ceño.

—Nunca he oído hablar de un gurumbeto.

—Oh, son extremadamente raros —le dijo su esposo—. Solo pueden hallarse aquí, en Indiana.

Detente   Piensa   Escribe

ESTRUCTURA DEL CUENTO

¿Cómo trata Asa de burlar a Mary en esta escena?

_____

_____

_____

La próxima vez que fueron al centro, Mary sugirió detenerse en otra venta de granero. Esta vez, Asa no tuvo problema alguno en complacerla.

Otra amable mujer los acompañó a un granero. Mary compró una pintura de una **pradera** que se asemejaba a la vista desde la ventana de su dormitorio. Asa compró un objeto similar al que había comprado la otra vez. Despejó una telaraña y lo alzó a la luz.

—¡Otro gurumbeto! —Mary exclamó mientras aplaudía excitada.

Detente   Piensa   Escribe

INFERIR

¿Por qué Asa está dispuesto a detenerse en la venta de granero?

_____

_____

_____

Asa construyó un hermoso mueble para exponer sus gurumbetos. Pronto se corrió la voz. En breve Asa fue conocido como un coleccionista de gurumbetos.

Los granjeros de todo el país ahora estaban en alerta para comprar gurumbetos. Pronto se hizo difícil encontrar uno. ¡El precio de un gurumbeto fue creciendo hasta llegar a 50 dólares!

Cada vez que Asa encontraba un gurumbeto, lo compraba. Construyó un mueble mucho más grande para poder ubicar a sus nuevos gurumbetos. Ahora tenía cientos de ellos.

Detente **Piensa** **Escribe**

CAUSA Y EFECTO

¿Por qué sube el precio de los gurumbetos?

_____

_____

_____

Asa fue reconocido como el experto más prestigioso en gurumbetos. Muchos periódicos publicaron artículos sobre él.

Pronto los muebles de Asa ya no podían alojar sus gurumbetos. Tuvo que sumar una sala especial a su casa para mostrarlos. Luego de que falleciera Asa, Mary transformó esta sala en un museo.

Desafortunadamente, se desató una tragedia. Hace unos cien años atrás, el Museo de los Gurumbetos fue alcanzado por un rayo. Se quemó por completo, y todos los gurumbetos se destruyeron con el fuego. Desde ese entonces, los gurumbetos han desaparecido.

Por esta razón, nunca has visto uno.

Detente   Piensa   Escribe

RESUMIR

Según el cuento, ¿por qué razón la gente de hoy en día nunca ve gurumbetos en las ventas de garaje?

_____

_____

_____

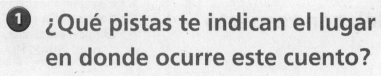

Vuelve a leer y responde

1 ¿Qué pistas te indican el lugar en donde ocurre este cuento?

Pista

¡Hay pistas en casi todas las páginas!

_____

_____

_____

2 ¿Cómo se convierte Asa en un experto en gurumbetos?

Pista

Busca pistas en las páginas 209 y 210.

_____

_____

_____

3 ¿Qué le pasa al final a la colección de gurumbetos de Asa?

Pista

Busca una pista en la página 210.

_____

_____

_____

¡Hazte un detective de la lectura!

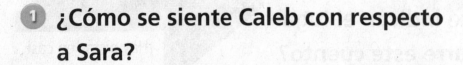

Sara, sencilla y alta

"Sara, sencilla y alta"
Libro del estudiante,
págs. 207–221

1 **¿Cómo se siente Caleb con respecto a Sara?**

☐ Quiere que ella regrese a su casa.

☐ Quiere que ella se quede y sea su mamá.

☐ No le importa lo que suceda.

¡Pruébalo! ¿Qué evidencia del cuento apoya tu respuesta? Marca las casillas. ✓ Toma notas.

Evidencia	Notas
☐ lo que dice Caleb antes que llegue Sara	
☐ lo que dice mientras recoge flores	
☐ cómo se comporta durante la cena	
☐	

¡Escríbelo!

ESTRUCTURA DEL CUENTO

Responde a la pregunta 1 usando evidencia del texto.

_____

_____

_____

_____

211A

2 **¿Se quedará Sarah con la familia Witting?**

☐ sí ☐ no ☐ no se puede saber

¡Pruébalo! ¿Qué evidencia del cuento apoya tu respuesta? Marca las casillas. ☑ Toma notas.

Evidencia	Notas
☐ lo que hace Sara con las flores	
☐ lo que dice Sara sobre el cabello	
☐ lo que canta Sara	
☐	

¡Escríbelo!

CONCLUSIONES

Responde a la pregunta 2 usando evidencia del texto.

_____

_____

_____

_____

_____

_____

Las aves en verano e invierno

gélido

migrar

paisaje

sobrevivir

suficiente

1 Todos los animales necesitan comida para vivir. También necesitan agua para **sobrevivir**.

¿Por qué es más fácil <u>sobrevivir</u> en primavera y verano?

_____

_____

_____

2 En primavera y verano hay comida **suficiente**. Sin embargo, no hay tanta comida en invierno.

¿Tienes <u>suficiente</u> espacio en la mochila para todos los libros?

_____

_____

_____

3 El clima se vuelve frío en invierno. Esto hace **migrar** a la mayoría de las aves a lugares más cálidos.

¿Qué otra palabra tiene casi el mismo significado que <u>migrar</u>?

_____

4 Los patos, las ocas y los cisnes vuelan hacia el sur. Se pueden ver bandadas de aves volar sobre el **paisaje**.

Piensa en el lugar donde vives. ¿Qué cosas puedes ver en el <u>paisaje</u>?

_____

_____

_____

5 Durante la primavera, el clima se vuelve cálido. Las temperaturas no son tan **gélidas** y las aves regresan.

¿Qué es lo opuesto a <u>gélidas</u>?

_____

Los petreles blancos

por Margaret Maugenest

El invierno en la Antártida

La Antártida es un continente de tierras **gélidas** ubicado en el Polo Sur. Es el lugar más frío de la Tierra y permanece cubierto de hielo todo el año.

El invierno en la Antártida comienza en junio. Los días son muy cortos y no hay luz solar, por lo que está oscuro todo el tiempo. Hay muy pocos animales en la Antártida. Hay poca comida y es muy difícil **sobrevivir**.

Detente   Piensa   Escribe

VOCABULARIO

¿Qué detalle del primer párrafo cuenta lo gélida que es la Antártida?

_____

_____

_____

Empieza el calor

La primavera comienza en septiembre.
Los días se alargan y el sol brilla sobre el mar.
Entonces el mar se llena de pequeñas plantas.

Poco después empiezan a aparecer
los animales. Aparecen unos camarones
diminutos llamados krills, que empiezan a
alimentarse de las plantas. Entonces llegan
peces más grandes, que se alimentan de
plantas y de krills.

Otros animales se dirigen allí también. Hay
comida **suficiente** para todos. Focas, ballenas y
aves cazan animales más pequeños.
Comen krills y peces.

Plantas marinas

Peces pequeños

Detente Piensa Escribe

COMPARAR Y CONTRASTAR

¿En qué se diferencian los días de primavera de los de invierno?

_____

_____

_____

215

Días de verano

El verano comienza en diciembre. Las ballenas empiezan a **migrar** a las aguas de la Antártida para alimentarse de krills.

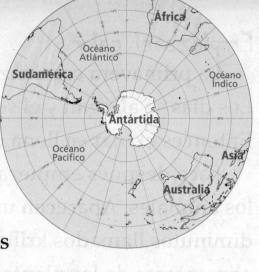

En esta época el mar está lleno de vida. A la costa llegan aves migratorias para hacer sus nidos.

Algunas de estas aves son los petreles. Los petreles se parecen a las gaviotas. Sus fuertes alas les permiten volar a mucha distancia de la tierra. Su grueso plumaje mantiene su temperatura corporal. La mayor parte de las aves no tiene sentido del olfato, pero los petreles sí. De esa forma, pueden oler y ubicar la comida.

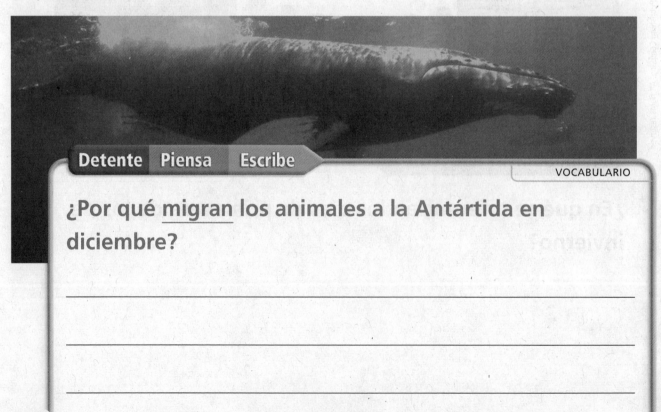

Detente **Piensa** **Escribe**

VOCABULARIO

¿Por qué migran los animales a la Antártida en diciembre?

_____

_____

_____

Petirrojo   Petrel blanco

Datos sobre los petreles blancos

Los petreles blancos son mucho más pequeños que los demás petreles. Son más o menos del tamaño de los petirrojos. Sus plumas son blancas, por lo que pueden camuflarse en el **paisaje** nevado. Solamente el pico, los ojos y las patas son de color oscuro. Cuando vuelan, baten sus alas como los murciélagos.

Detente   Piensa   Escribe

IDEA PRINCIPAL Y DETALLES

¿Qué parte o partes de los petreles son del color de la nieve?

_____

_____

_____

Hábitos de los petreles blancos

Los petreles blancos son animales tímidos. Si se los molesta, suelen salir volando. Si algo se les acerca demasiado, emplean un truco como defensa: ¡escupen un líquido que huele fatal!

Estas aves vuelan a poca distancia sobre el mar en busca de comida. Cuando ven algo en las aguas, se zambullen para atraparlo. Algunos petreles blancos se revuelcan por la tierra para limpiar sus plumas. Los petreles blancos también suelen rodar por la nieve. Así es como se limpian después de cazar.

Detente Piensa Escribe

COMPARAR Y CONTRASTAR

Piensa en la forma en que algunas aves se limpian las plumas. ¿En qué se diferencia de la forma en que lo hacen los petreles?

_____

_____

_____

Familias de petreles

Cuando un petrel blanco encuentra pareja, al igual que hacen las demás aves, se pone a buscar un lugar seguro donde hacer un nido que quede fuera del alcance de otros animales. Los petreles hacen sus nidos en las paredes pedregosas de los acantilados.

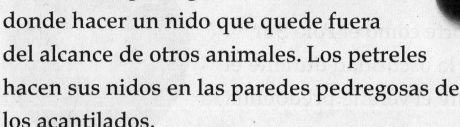

La mayoría de las aves hacen sus nidos de hojas o hierba. Pero es difícil hallar estos materiales en la Antártida. Por esa razón, los petreles blancos hacen sus nidos con pequeños guijarros.

La hembra pone un huevo y, seis semanas después, nace el polluelo. Siete semanas después, echa a volar. Los petreles blancos pueden vivir hasta veinte años.

Detente   Piensa   Escribe

COMPARAR Y CONTRASTAR

¿En qué se diferencia el nido de los petreles del de la mayoría de las otras aves?

_____

_____

_____

El Polo Norte (Ártico) y el Polo Sur (Antártico)

Polo Norte

Polo Sur

- El Polo Norte está en la parte superior de la Tierra. El Polo Sur está en la parte inferior de la Tierra.

- Tanto el Polo Norte como el Polo Sur permanecen en la oscuridad durante el invierno. Durante el verano predomina la luz.

- Tanto el Polo Norte como el Polo Sur son lugares muy fríos.

Inicio de las distintas estaciones en los Polos Norte y Sur				
	invierno	primavera	verano	otoño
Polo Norte	diciembre	marzo	junio	septiembre
Polo Sur	junio	septiembre	diciembre	marzo

Detente Piensa Escribe

COMPARAR Y CONTRASTAR

Describe algo en lo que el Polo Norte y el Polo Sur se parezcan. Describe algo en lo que se diferencien.

_____

_____

_____

220

Vuelve a leer y responde

1 ¿En qué se diferencia la vida en la Antártida en invierno de la vida en primavera y verano?

Pista

Busca pistas en las páginas 214, 215 y 216.

_____

_____

_____

2 Las aves, focas y ballenas van a la Antártida en verano. ¿Por qué no viven allí en invierno?

Pista

Busca pistas en las páginas 214 y 220.

_____

_____

_____

3 ¿En qué se diferencian los petreles blancos de las demás aves?

Pista

Busca pistas en las páginas 216, 217, 218 y 219.

_____

_____

_____

¡Hazte un detective de la lectura!

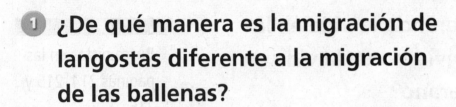

"El viaje: Relatos de migraciones"
Libro del estudiante, págs. 239–255

1 **¿De qué manera es la migración de langostas diferente a la migración de las ballenas?**

☐ Las langostas vuelan con el viento; las ballenas nadan.

☐ Las langostas destruyen cultivos; las ballenas no.

☐ Las ballenas migran cada año; las langostas no.

¡Pruébalo! ¿Qué evidencia de la selección apoya tu respuesta? Marca las casillas. ☑ Toma notas.

Evidencia	Notas
☐ cómo viajan las langostas y las ballenas	
☐ lo que las langostas comen mientras migran	
☐ lo que causa que cada animal migre	

¡Escríbelo!

COMPARAR Y CONTRASTAR

Responde a la pregunta **1** usando evidencia del texto.

_____

_____

_____

221A

2 **¿Por qué la autora escribió "El viaje: Relatos de migraciones"?**

☐ para contarles a los lectores sobre la migración de animales

☐ para contar una historia inventada sobre las ballenas y langostas

☐ otro _____

¡Pruébalo! ¿Qué evidencia de la selección apoya tu respuesta? Marca las casillas. ☑ Toma notas.

Evidencia	Notas
☐ la introducción	
☐ hechos que la autora provee	
☐	

¡Escríbelo!

PROPÓSITO DE LA AUTORA

Responde a la pregunta 2 usando evidencia del texto.

_____

_____

_____

_____

_____

221B

actualmente

montar

lograr

placer

terror

Ciencia ficción

Los cuentos de ciencia ficción tratan sobre cosas que no pueden suceder **actualmente**. A la gente la pueden **montar** en una nave espacial y llevarla a otro planeta. También se puede viajar a través del tiempo.

Los escritores han **logrado** que estas historias parezcan reales. Podemos imaginar mundos distintos a través de sus cuentos.

Estas historias las leemos por **placer**. Resulta divertido pensar en diferentes épocas y lugares. Incluso disfrutamos sintiendo **terror** si aparecen malvadas criaturas espaciales. ¡Eso también puede ser divertido!

1. A la gente la pueden _____ en una nave espacial y llevarla a otro planeta.

2. Podemos sentir _____ cuando leemos sobre malvadas criaturas espaciales.

3. Solemos leer cuentos de ciencia ficción por _____.

4. ¿Qué estudias <u>actualmente</u> en la clase de estudios sociales?

_____

_____

_____

5. ¿Qué es lo más difícil que has <u>logrado</u> hacer este año?

_____

_____

_____

El perro del futuro

por Estelle Kleinman

April miraba fijamente la enorme caja que le había enviado Tío Bob. El tío se había mudado el año 3045, hacía ya cinco años. Aun así, nunca se olvidaba de su cumpleaños.

April abrió la caja y no pudo creer lo que veía. ¡Tío Bob había hecho un perro robot para ella!

En la caja también había una nota. April la leyó mientras agarraba el perro robot.

—Te voy a llamar "Joe" —dijo.

Luego, **montó** a Joe en su lancha a motor y se dirigió a la casa de Paco.

Detente Piensa Escribe

SECUENCIA DE SUCESOS

¿Qué hizo April justo antes de subirse al bote?

_____

_____

_____

A Paco, Joe no le pareció gran cosa.

—Pura lata y un puñado de tornillos no es lo mismo que un perro de verdad —dijo.

—¡Oink! —se quejó Joe.

—Parece que Tío Bob todavía tiene que arreglar ciertas cosas. De todas formas, ¿puedes **montar** en el bote? —dijo April—. De esa forma te podré mostrar que Joe es magnífico.

—De acuerdo, porque **actualmente** no tengo otros planes —contestó Paco, mientras se montaba en el bote.

Detente Piensa Escribe

CONCLUSIONES Y GENERALIZACIONES

¿Sobre qué cosas de Joe tiene que trabajar Tío Bob?

_____

_____

_____

—Demos una vuelta por ahí —dijo April—. Vas a ver lo buen perro que es Joe.

Joe tomó el timón y alejó el bote del muelle.

—¿De verdad que puede manejar el bote? —preguntó Paco.

—Sí —contestó April—. Tío Bob dice que solamente tengo que introducir el lugar al que quiero ir.

Joe tenía un teclado en la espalda, así que April tecleó "Acantilado de la Torre".

Detente Piensa Escribe

¿Qué hace April después de que Joe aleja el bote del muelle?

_____

_____

_____

226

Por el camino, el agua comenzó a volverse muy picada.

—¡Joe, me está entrando miedo! —gritó Paco con verdadero **terror** en la voz.

Joe redujo la velocidad del bote hasta ir muy lentamente y, unos minutos después, se detuvo.

—Esto no es el Acantilado de la Torre —observó Paco—. Esto es el Promontorio Rocoso.

—¡Oink! Joe cometió un error —dijo Joe.

Detente Piensa Escribe

VOCABULARIO

¿Por qué denota terror la voz de Paco?

_____

_____

_____

—Tendré que contarle a Tío Bob los problemas con Joe. Estoy segura de que podrá repararlo —dijo April.

Joe lo intentó de nuevo y, esta vez, logró llegar al Acantilado de la Torre, y hasta la playa donde se dirigieron todos.

—Observa qué buenos trucos puede hacer Joe —dijo April—. ¡Puede lanzar una pelota y atraparla!

Pero a Paco no le impresionaban los trucos.

—Prefiero los perros de verdad. ¡Esos sí que son sorprendentes!

Detente Piensa Escribe

COMPARAR Y CONTRASTAR

¿En qué se diferencian April y Paco?

_____

_____

_____

228

—¿Debería Joe lanzarla a la derecha o a la izquierda? ¿Fuerte o suave? —preguntó Joe tras agarrar la pelota.

—¡Qué decepcionante! —contestó Paco—. De esa forma ya no es divertido jugar a la pelota.

—¡Lanza la pelota de una vez! —gritó April.

Joe lanzó la pelota y corrió tras ella hasta atraparla de manera perfecta.

Pero April se detuvo de pronto y empezó a mirar a su alrededor.

—¿Qué es ese ruido?

—¡Me parece oír gritos y ladridos! —dijo Paco.

Detente Piensa Escribe

COMPRENDER A LOS PERSONAJES

¿Por qué se siente Paco decepcionado por Joe?

_____

_____

_____

De pronto, un perro de color marrón se acercó corriendo hasta April y Paco. Detrás, a poca distancia, venía Tina, su dueña.

—Justo estábamos jugando a la pelota con mi perro robot —le dijo April a Tina.

Tina preguntó si su perro Max también podía jugar. Paco lanzó la pelota y Max corrió tras ella. Luego, Max la dejó caer a los pies de Paco. Pero antes de que Paco pudiera agarrarla de nuevo, Joe agarró la pelota y la lanzó lejos.

—De verdad o no, robot o de carne y hueso, ver jugar a estos perros es un verdadero **placer** —dijo Tina riendo.

Detente Piensa Escribe

¿Por qué crees que Tina siente placer observando a los perros?

_____

_____

_____

Vuelve a leer y responde

1 ¿Qué sucede al principio del cuento?

Pista

Busca pistas en la página 224.

_____

_____

_____

2 ¿Qué hace Joe después de que Paco se sube al bote?

Pista

Busca pistas en las páginas 225 y 226.

_____

_____

_____

3 ¿Cómo termina el cuento?

Pista

Busca pistas en la página 230.

_____

_____

_____

¡Hazte un detective de la lectura!

"El viaje de Oliver K. Woodman"
Libro del estudiante,
págs. 273–295

1 ¿Cuál de estos lugares visita primero Oliver?

☐ Salt Lake City ☐ Memphis

☐ Oklahoma City ☐ Dallas

¡Pruébalo! ¿Qué evidencia del cuento apoya tu respuesta? Marca las casillas. ☑ Toma notas.

Evidencia	Notas
☐ de dónde proviene cada postal o carta	
☐ la fecha en cada postal o carta	
☐	

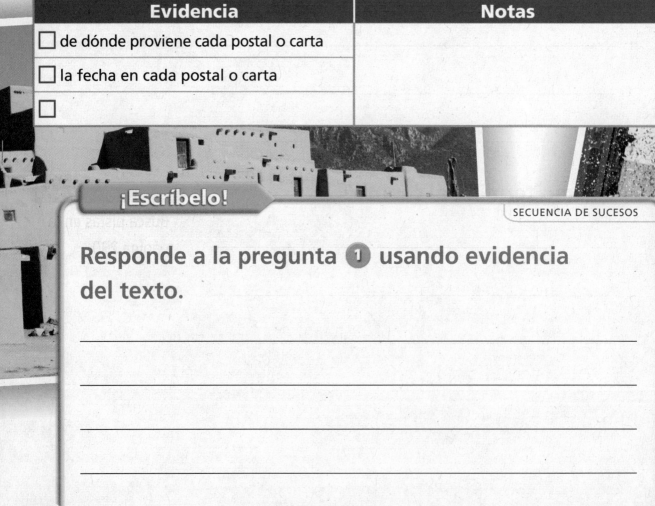

¡Escríbelo!

SECUENCIA DE SUCESOS

Responde a la pregunta **1** usando evidencia del texto.

_____

_____

_____

_____

2 **¿Qué tienen en común todos los que le escribieron al tío Ray?**

☐ Todos pasan tiempo con Oliver.

☐ Todos piensan que Oliver es real.

☐ Todos son niños.

¡Pruébalo! ¿Qué evidencia del cuento apoya tu respuesta? Marca las casillas. ☑ Toma notas.

Evidencia	Notas
☐ lo que está escrito en cada postal o carta	
☐ las ilustraciones	
☐	

¡Escríbelo!

ESTRUCTURA DEL CUENTO

Responde a la pregunta 2 usando evidencia del texto.

_____

_____

_____

_____

_____

_____

Viajes por mar

a bordo

ancla

bahía

divisar

travesía

1 La gente siempre ha viajado a través de los ríos y los mares. En la actualidad, podemos volar sobre ellos. En el pasado, la **travesía** por mar solía hacerse en barco.

¿Qué suele usar la gente para hacer una <u>travesía</u> por tierra?

_____

_____

_____

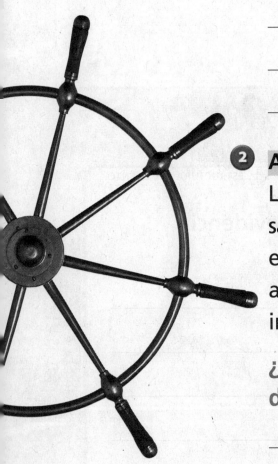

2 **A bordo** de los barcos había una tripulación. Los miembros de la tripulación tenían que saber muchas cosas. Tenían que estudiar el movimiento de los vientos y saber así cómo atraparlo con las velas para impulsar el barco.

¿Cómo crees que te sentirías <u>a bordo</u> de un barco?

_____

_____

_____

3 Los barcos navegaban por alta mar. Podían pasar semanas antes de que el equipo pudiera **divisar** tierra.

¿De qué otra forma se puede decir <u>divisar</u>?

_____

4 Por lo general, la tripulación buscaba una **bahía**. La tierra que rodeaba la bahía resguardaba al barco del viento y de las olas.

¿Por qué una <u>bahía</u> era un lugar seguro para un barco?

_____

_____

_____

5 La tripulación dejaba caer un **ancla** al agua, lo que permitía al barco mantener su posición. Luego, la tripulación remaba hasta tierra en un bote.

¿Por qué el <u>ancla</u> tiene que ser pesada?

_____

_____

A los Mares del Sur

por Margaret Maugenest

A finales del siglo XVIII, había pocos mapas de los Mares del Sur. Los científicos de Inglaterra querían saber más sobre las tierras del Pacífico Sur. ¿Había un gran continente allí? Algunos pensaban que sí lo había. Es por eso que le pidieron al Capitán James Cook que fuera a averiguarlo.

Detente Piensa Escribe

PROPÓSITO DE LA AUTORA

¿Qué pistas de esta página te indican que en este cuento se relatan hechos?

_____

_____

_____

Los viajes por los océanos eran largos y difíciles, y había muchos peligros durante el trayecto. El mar podía volverse tormentoso. Las embarcaciones podían ser atacadas por piratas. Podía haber incendios. Y todo sin posibilidad de conseguir ningún tipo de ayuda.

Cook se preparó para la **travesía**. Cargaron el barco con provisiones, agua potable y comida, y una cabra para que les diera leche.

Inglaterra

Tahiti

El viaje de Cook

Detente Piensa Escribe

PROPÓSITO DE LA AUTORA

Observa la ilustración. ¿Qué te muestra?

_____

_____

_____

Zarpa el barco

A bordo había un total de noventa y cinco tripulantes, cada uno encargado de un trabajo.

El barco partió de Inglaterra en 1789, navegando hacia el oeste. Cruzó el Atlántico y bordeó el extremo de Sudamérica. Y allí, ¡se encontraron con una gigantesca tormenta! Cinco hombres murieron.

Detente Piensa Escribe

ESTRUCTURA DEL CUENTO

¿Qué sucedió mientras el barco bordeaba el extremo sur de Sudamérica?

_____

_____

_____

El barco siguió navegando durante diez semanas más, por lo que comenzaron a escasear los alimentos. No querían morir de hambre, así que empezaron a pescar para sobrevivir.

Cruzaron el Pacífico Sur y por fin **divisaron** Tahití. Los hombres estaban muy contentos e impacientes por llegar a la isla. Llevaban ocho meses en alta mar.

Detente   Piensa   Escribe

¿Cuánto tiempo llevaba la tripulación en alta mar cuando <u>divisó</u> Tahití?

_____

_____

_____

¡Tierra a la vista!

El barco se dirigió a la **bahía**, donde la tripulación lanzó el **ancla**. Esto mantenía el barco quieto en ese lugar. Luego, los hombres se montaron en un bote más pequeño y remaron hasta la playa.

Al principio, los habitantes de la isla se mostraron incómodos e inseguros. No conocían al Capitán Cook y tampoco sabían lo que quería. Pero poco después se hicieron amigos.

Detente Piensa Escribe

¿Por qué se lanzó el <u>ancla</u> del barco al acercarse a tierra?

_____

_____

_____

Cook permaneció en Tahití durante tres meses. Hizo un mapa de la isla, mientras que los científicos se dedicaron a estudiar las plantas locales.

Luego, Cook partió y siguió explorando los Mares del Sur en busca de un gran continente. No encontró ninguno, aunque sí halló un continente más pequeño. Era Australia. Los cartógrafos, es decir, las personas que hacen los mapas, tendrían que empezar a trazar mapas nuevos.

Detente   Piensa   Escribe

SECUENCIA DE SUCESOS

¿Qué hizo Cook tras abandonar Tahití?

_____

_____

_____

Los mapas de Cook

Cook realizó otros dos viajes por mar, y con ellos hizo cambiar los mapas antiguos. Mostró los lugares donde había estado y los nuevos mapas que había hecho. Hizo un mapa de la costa oeste de Norteamérica, que llegaba hasta Alaska.

Otros exploradores pudieron utilizar sus mapas. En esa época, había muchos mapas distintos de una misma zona. Los mapas de Cook permitieron que los viajes fueran menos confusos. También, gracias a los mapas de Cook, los viajes se hicieron más seguros.

Detente Piensa Escribe

CONCLUSIONES

¿Cómo ayudó Cook a los futuros exploradores?

_____

_____

_____

Vuelve a leer y responde

1 ¿Por qué zarpó Cook en 1789?

_____

_____

_____

Pista

Busca pistas en las páginas 234 y 236.

2 ¿Cómo actuaron los habitantes de Tahití con el Capitán Cook y su tripulación?

_____

_____

_____

Pista

Busca pistas en la página 238.

3 ¿Qué averiguó el Capitán Cook sobre el continente en los Mares del Sur?

_____

_____

_____

Pista

Busca pistas en la página 239.

¡Hazte un detective de la lectura!

Vuelve a

"Perro de las olas"
Libro del estudiante,
págs. 313–329

1 ¿Por qué escribió el autor "Perro de las olas"?

☐ para mostrar que las focas son buenas mascotas

☐ para contar un cuento sobre cómo llegaron las personas a Hawai

☐ otro _____

¡Pruébalo! ¿Qué evidencia del cuento apoya tu respuesta? Marca las casillas. ✓   Toma notas.

Evidencia	Notas
☐ por qué los hermanos llegaron a la isla	
☐ cómo termina el cuento	
☐	

¡Escríbelo!

PROPÓSITO DEL AUTOR

Responde a la pregunta **1** usando evidencia del texto.

_____

_____

_____

2 **¿Qué palabra describe mejor a Manu?**

☐ malhumorado   ☐ serio

☐ servicial   ☐ bondadoso

¡Pruébalo! ¿Qué evidencia del cuento apoya tu respuesta? Marca las casillas. ☑ Toma notas.

Evidencia	Notas
☐ lo que Manu hace por sus hermanos	
☐ lo que Manu hace por Perro de las olas	

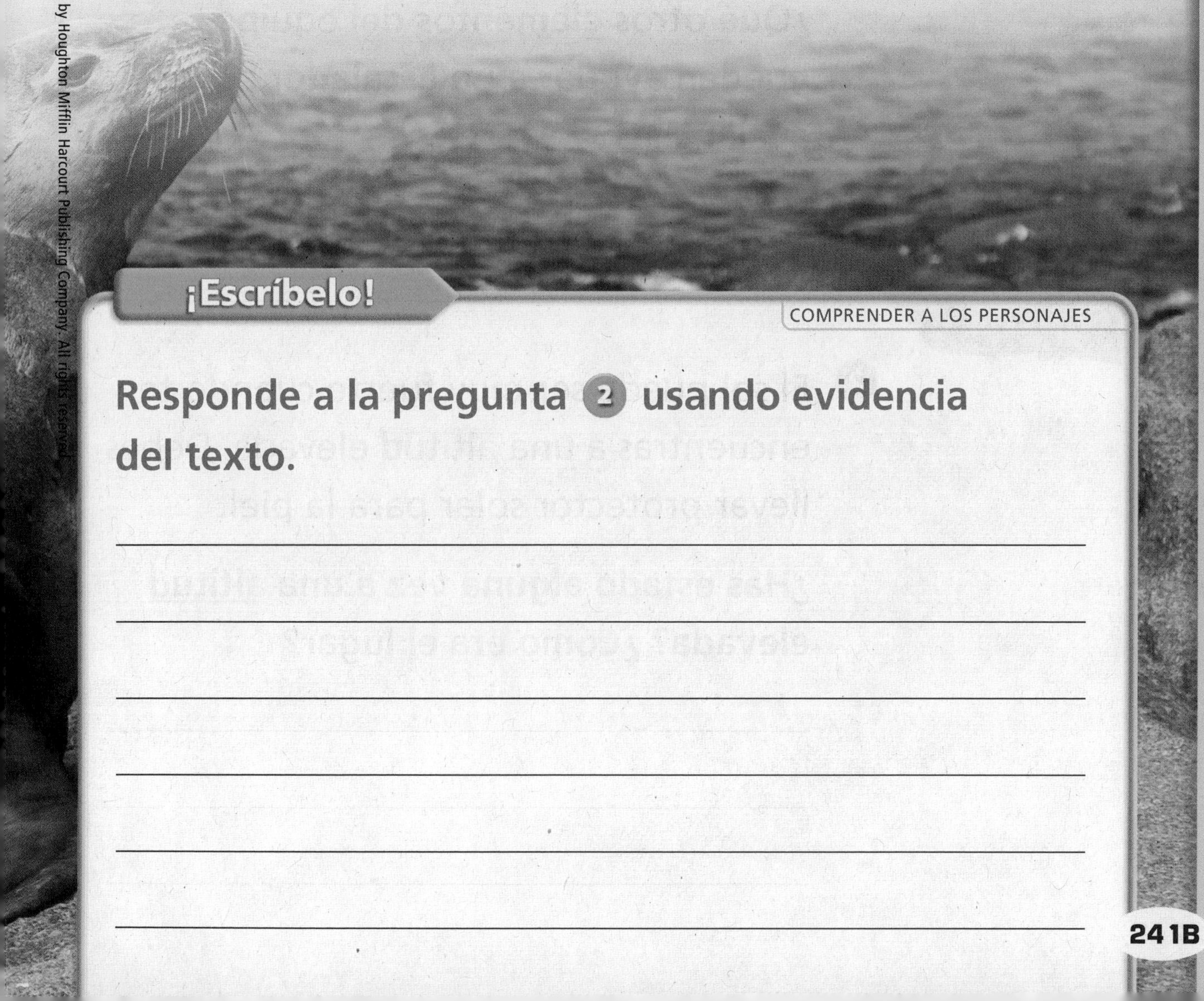

¡Escríbelo!

COMPRENDER A LOS PERSONAJES

Responde a la pregunta ❷ usando evidencia del texto.

_____

_____

_____

_____

_____

Equipo de excursionismo

altitud

avalancha

equipo

incrementarse

ladera

❶ El alpinismo (la práctica de escalar montañas) es un deporte divertido. Aun así, la seguridad es muy importante. Hay equipos especiales que ayudan a los escaladores en las **avalanchas**. Una larga cuerda roja marca el lugar donde el escalador ha quedado atrapado bajo la nieve.

¿Qué otros elementos del equipo pueden ayudar a un escalador en las <u>avalanchas</u>?

_____

_____

❷ El sol puede ser muy fuerte cuando te encuentras a una **altitud** elevada. Debes llevar protector solar para la piel.

¿Has estado alguna vez a una <u>altitud</u> elevada? ¿Cómo era el lugar?

_____

_____

_____

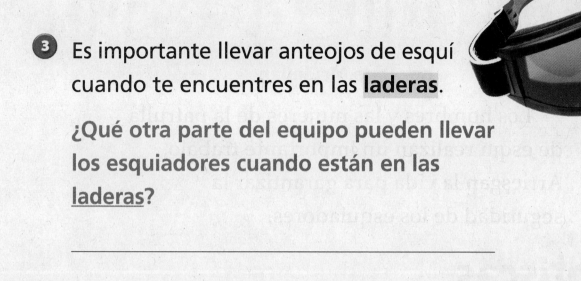

3 Es importante llevar anteojos de esquí cuando te encuentres en las **laderas**.

¿Qué otra parte del equipo pueden llevar los esquiadores cuando están en las <u>laderas</u>?

_____

_____

_____

4 El peligro **se incrementa** cuando no tienes un equipo de seguridad apropiado.

¿Cómo <u>se incrementan</u> tus posibilidades de conseguir un buen asiento en el cine?

_____

_____

_____

5 La brújula es un artículo del **equipo** que ayuda al escalador a conocer su ubicación.

Nombra otro artículo del <u>equipo</u> que podría usar un escalador.

_____

La patrulla de esquí

por Dina McClellan

Los hombres y las mujeres de la patrulla de esquí realizan un importante trabajo. Arriesgan la vida para garantizar la seguridad de los esquiadores.

Ventiscas

Uno de los trabajos de la patrulla de esquí es ayudar a la gente durante las ventiscas. Las ventiscas les ocasionan grandes problemas a los esquiadores. Los fuertes vientos pueden provocar caídas y el hielo y la nieve pueden disminuir considerablemente la visibilidad.

Detente Piensa Escribe

CARACTERÍSTICAS DE TEXTOS Y DE LOS ELEMENTOS GRÁFICOS

¿Cuál es el título de este texto?

_____

_____

_____

244

Avalanchas

Las **avalanchas** se producen cuando grandes masas de nieve se desprenden y se deslizan por las montañas. Las avalanchas pueden enterrar a las personas y, entonces, se necesita ayuda exterior para sacarlas.

La patrulla de esquí cuenta con perros en su **equipo**. Los perros están adiestrados para hallar a las personas bajo la nieve. Primero encuentran el lugar donde están atrapadas y, luego, la patrulla tiene que cavar con rapidez para sacarlas.

Detente Piensa Escribe

VOCABULARIO

¿Cómo crees que los perros hallan a las personas en las avalanchas?

_____

_____

_____

¿Qué sucede una vez que se ha sacado a la persona? Puede estar herida. Por eso, la patrulla está capacitada para dar los primeros auxilios en el lugar del suceso.

Sin embargo, algunos heridos necesitan cuidados más especializados. Para ello, la patrulla traslada a estas personas fuera de las **laderas**. Emplean helicópteros, trineos y motonieves para llevarlas rápidamente a los hospitales.

Detente Piensa Escribe

VOCABULARIO

¿Por qué no pueden llegar las ambulancias hasta las laderas?

_____

_____

_____

Equipo para la nieve

Los hombres y las mujeres de la patrulla de esquí cuentan con un **equipo** especializado. Siempre visten con colores fuertes y vivos para que la gente los pueda reconocer.

Los esquiadores también deberían llevar este tipo de prendas. Si llevan colores fuertes y vivos, **se incrementa** la posibilidad de que sean vistos en caso de perderse. Así pueden conseguir ayuda.

Detente   Piensa   Escribe

CONCLUSIONES Y GENERALIZACIONES

¿Qué colores son los más fácilmente visibles en la nieve?

_____

_____

_____

Horario de la patrulla de esquí

Los miembros de la patrulla de esquí suelen estar muy ocupados todas las mañanas. En primer lugar, comprueban el estado de las pistas de esquí y marcan los lugares poco seguros. De esta forma, informan a los esquiadores sobre los peligros que pueden encontrar a una **altitud** tan elevada.

La patrulla vuelve a controlar el estado de las pistas a lo largo del día. También verifican si hay alguien perdido, herido o atrapado.

Detente Piensa Escribe

IDEA PRINCIPAL Y DETALLES

¿Por qué comprueban las patrullas de esquí el estado de las pistas de esquí en las montañas?

_____

_____

_____

Los miembros de la patrulla de esquí
trabajan muchas horas al día. Tienen que
asegurarse de que todos los esquiadores
hayan abandonado las pistas al final
del día y que todo el mundo
esté a salvo. ¡Solo entonces
pueden descansar!

Detente   Piensa   Escribe

INFERIR Y PREDECIR

**¿Cómo crees que se sienten los hombres y las mujeres
de las patrullas de esquí al final del día?**

_____

_____

_____

Artículos que puede necesitar un esquiador

Bolsa de plástico grande y anaranjada

Esto puede llamar la atención. También puede usarse para mantenerse seco.

Casco de esquí

Protege la cabeza mientras se esquía.

Silbato

Esto puede llamar la atención. Emitir tres pitidos indica que se necesita ayuda.

Brújula

Ayuda a ubicar la posición en caso de perderse.

Anteojos de esquí

Ayudan a ver en la nieve brillante.

Chaleco de lana

Ayuda a mantener el calor.

Detente   Piensa   Escribe

CARACTERÍSTICAS DE TEXTOS Y DE LOS ELEMENTOS GRÁFICOS

¿Qué dos artículos de la lista tienen la misma función?

_____

_____

_____

Vuelve a leer y responde

1 ¿Qué te indican los subtítulos de este texto?

_____

_____

_____

Pista

Para contestar esta pregunta, mira las páginas 244, 245, 247 y 248.

2 ¿Sobre qué trata la página 245 mayormente?

_____

_____

_____

Pista

Mira el subtítulo.

3 ¿Cómo ayuda la patrulla de esquí a las personas que han sufrido un accidente?

_____

_____

_____

Pista

Busca pistas en la página 246.

¡Hazte un detective de la lectura!

 Vuelve a

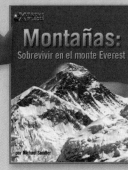

Montañas:
Sobrevivir en el monte Everest

por Michael Sandler

"Montañas"
Libro del estudiante,
págs. 347–363

1 **¿Qué te dice la selección sobre el equipo para escalar montañas?**

☐ información sobre los equipos de protección

☐ información sobre el oxígeno

☐ información sobre las herramientas

¡Pruébalo! ¿Qué evidencia de la selección apoya tu respuesta? Marca las casillas. ✓ Toma notas.

Evidencia	Notas
☐ el texto	
☐ fotos y pies de fotos	
☐ recuadros con información adicional	

¡Escríbelo!

CARACTERÍSTICAS DEL TEXTO Y DE LOS ELEMENTOS GRÁFICOS

Responde a la pregunta **1** usando evidencia del texto.

_____

_____

_____

_____

_____

2 **¿De qué forma el segundo ascenso de Temba fue diferente del primero?**

☐ Tenía más experiencia.

☐ Tenía el equipo adecuado.

☐ Escaló con un grupo.

¡Pruébalo! ¿Qué evidencia de la selección apoya tu respuesta? Marca las casillas. ☑ Toma notas.

Evidencia	Notas
☐ detalles del primer ascenso	
☐ detalles del segundo ascenso	
☐	

¡Escríbelo!

COMPARAR Y CONTRASTAR

Responde a la pregunta **2** usando evidencia del texto.

_____

_____

_____

_____

_____

_____

✓ **VOCABULARIO CLAVE**

anunciar

competir

encantador

orgulloso

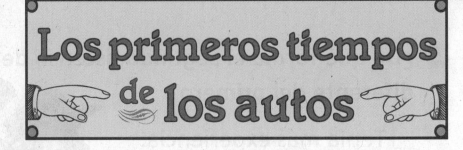

Los primeros tiempos de los autos

1 En el año 1900 era raro ser dueño de un auto. La mayoría de la gente usaba caballos como medio de transporte. Muy pocas personas podían comprarse un auto, y las que lo hacían se sentían muy **orgullosas** de estas nuevas máquinas.

¿De qué te sientes <u>orgulloso</u> tú?

_____

_____

2 Los primeros autos no podían ir a mucha velocidad y se descomponían con frecuencia. Un viaje en auto era como una aventura. El conductor tenía que coleccionar o reunir provisiones para el trayecto. Tenía que llevar todo lo necesario para poder **competir**.

¿Cuál es un sinónimo de <u>competir</u>?

_____

_____

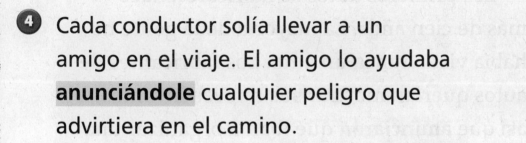

3 Incluso el clima más **encantador** puede cambiar de repente. La lluvia era un verdadero problema. Los conductores se mojaban porque los autos carecían de protección contra ella.

¿Cuál es la cosa más <u>encantadora</u> que has visto?

_____

_____

4 Cada conductor solía llevar a un amigo en el viaje. El amigo lo ayudaba **anunciándole** cualquier peligro que advirtiera en el camino.

¿Qué cosas suele <u>anunciar</u> el director de la escuela?

_____

_____

La carrera de 1903

por Dina McClellan

Los primeros autos se fabricaron hace más de cien años. La mayoría de la gente no había visto nunca un auto. Los fabricantes de autos querían mostrar sus nuevos inventos, así que **anunciaron** que iban a organizar una competencia.

Detente Piensa Escribe

VOCABULARIO

¿Qué crees que pensó la gente cuando los fabricantes de autos <u>anunciaron</u> que iban a hacer una competencia?

_____

_____

_____

Una carrera a través del país

La Gran Carrera tuvo lugar en 1903 y atravesó todo Estados Unidos. Comenzó en San Francisco y terminó en Nueva York.

Los autos participantes en la carrera solo tenían asientos delanteros. No tenían parabrisas y solamente alcanzaban las treinta millas por hora. Sin embargo, a la gente los autos le parecieron máquinas asombrosas. En la actualidad, esos autos parecen máquinas muy antiguas.

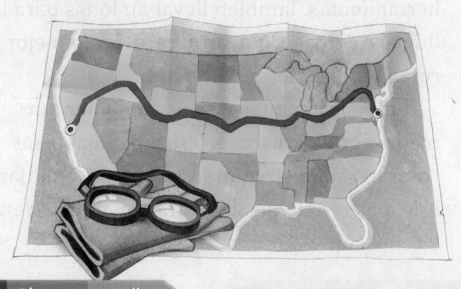

Detente Piensa Escribe

VOCABULARIO

¿Por qué parecen hoy antiguos los primeros autos?

_____

_____

_____

Los conductores se prepararon para **competir** llevando comida, agua y herramientas. También llevaban lonas para la lluvia. Además, planearon recorrer la mejor ruta.

Los participantes no querían tener que realizar giros bruscos ni cruzar zanjas. Esas cosas hacían disminuir la velocidad. Querían ir lo más rápido posible para ganar la carrera y conseguir el premio.

Detente   Piensa   Escribe

CAUSA Y EFECTO

¿Por qué los conductores querían evitar los giros y las zanjas?

_____

_____

_____

¡Comienza la carrera!

La carrera comenzó en el transcurso de una de las mañanas más **encantadoras** del mes de junio. Las multitudes llenaban las calles de San Francisco y las bandas de música entretenían a la gente. El alcalde de la ciudad dio un discurso. Luego, los autos ocuparon sus puestos de largada y todo quedó listo para el inicio.

¡Entonces comenzó la carrera! Algunos autos se salían del camino, lo que resultaba una decisión muy peligrosa. Los autos podían caer en zanjas o averiarse.

LA GRAN CARRERA DE 1903

Detente Piensa Escribe

CAUSA Y EFECTO

¿Qué podía suceder si los autos se salían del camino?

Malos caminos

Algunos caminos resultaron ser muy malos para los autos, lo que hacía que estos tuvieran que disminuir la velocidad. Cuando los caminos eran buenos, los conductores iban mucho más rápido. Los autos dejaban a su paso una nube de polvo. Como los autos no tenían parabrisas, los participantes tenían que llevar anteojos protectores.

También era habitual que los neumáticos se pincharan y que el motor se averiara. Los conductores tenían que reparar el auto y perdían puestos en la carrera.

Detente   Piensa   Escribe

CAUSA Y EFECTO

¿Qué efectos tenían sobre los autos los caminos malos?

_____

_____

_____

A través del país

La gente salía al paso de los autos a ver la carrera, de pie junto a los caminos, y los animaba al pasar.

Algunos conductores habían tratado de reunir dinero llevando a la gente a dar un paseo en sus autos. De esa forma, podrían comprar más provisiones para el viaje.

Detente   Piensa   Escribe

INFERIR Y PREDECIR

¿Por qué pagaría alguien simplemente para dar un paseo en uno de los autos?

_____

_____

_____

Llegada al final

La carrera duró unos dos meses. Por fin, los conductores llegaron a Nueva York, cubiertos de barro y cansados, pero aun así **orgullosos** de haber llegado a la meta.

La Gran Carrera de 1903 fue un suceso importante. Hizo ver a la gente que los autos eran mucho más que una máquina ingeniosa. También eran una gran manera de poder viajar.

Detente **Piensa** **Escribe**

INFERIR Y PREDECIR

¿Qué crees que sucedió como resultado de la nueva popularidad de los autos?

Vuelve a leer y responde

1 ¿En qué se diferencian los autos del pasado de los de hoy?

> **Pista**
> Busca pistas en las páginas 255 y 258.

_____

_____

_____

2 ¿Qué podía retrasar a los conductores en la carrera?

> **Pista**
> Busca pistas en las páginas 256, 257 y 258.

_____

_____

_____

3 ¿Por qué fue importante la carrera?

> **Pista**
> Busca pistas en las páginas 254 y 260.

_____

_____

_____

¡Hazte un detective de la lectura!

Vuelve a

1 **¿Cuál es la idea principal en la página 10 de "¡Al fin se me cayó un diente!"?**

"¡Al fin se me cayó un diente!"
Revista del estudiante, págs. 4–11

☐ La boca es una maquinaria espectacular.

☐ Hay que aprender a cuidar los dientes.

☐ Hay que cepillarse los dientes todos los días.

¡Pruébalo! ¿Qué evidencia de la selección apoya tu respuesta? Marca las casillas. ☑ Toma notas.

Evidencia	Notas
☐ una oración que indica la idea principal	
☐ detalles que apoyan la idea principal	
☐	

¡Escríbelo!

IDEA PRINCIPAL Y DETALLES

Responde a la pregunta 1 usando evidencia del texto.

_____

_____

_____

_____

2 ¿Por qué se caen los dientes de leche?

☐ Son débiles y no pueden sostenerse.

☐ Los dientes definitivos los empujan.

☐ otro _____

¡Pruébalo! Qué evidencia de la selección apoya tu respuesta? Marca las casillas. ☑ Toma notas.

Evidencia	Notas
☐ detalles sobre el desarrollo de los dientes	
☐ detalles sobre los dientes de leche	
☐ detalles sobre los dientes definitivos	

¡Escríbelo!

CAUSA Y EFECTO

Responde a la pregunta 2 usando evidencia del texto.

_____

_____

_____

_____

_____

_____

artefacto

experimento

familiar

invento

investigar

Máquinas con imanes

Hay muchas máquinas o **artefactos** con imanes. Algunas de estas máquinas son **familiares**, es decir, son máquinas que conoces. El timbre de una puerta lleva imanes. Un **invento** como la computadora también lleva imanes. Los secadores de pelo también los llevan.

Las personas emplean un proceso científico para crear máquinas nuevas. Una de las cosas que hacen es aprender el funcionamiento de los imanes. Para ello, tienen que **investigar**. Piensan en las maneras de usar imanes para hacer algo nuevo.

¿Funcionará la nueva máquina? Los científicos realizan un **experimento** para probar la máquina y ver si funciona bien. Si es así, ¡todo el mundo podrá usarla!

1 Un nuevo _____ puede

ser una máquina que utilice imanes.

2 Los inventores emplean un proceso

científico para crear nuevos

_____.

3 Las máquinas que puedes ver a diario

son _____ para ti.

4 Los científicos tienen que

_____ para aprender.

Ellos aprenden los datos que los ayudan

a fabricar algo nuevo.

5 Los científicos prueban los inventos.

Luego realizan un _____

para ver si el invento funciona.

El muchacho que hizo la televisión

por Cate Foley

¿Has oído hablar de Philo T. Farnsworth?
Si no, no te preocupes. A mucha gente no
le resulta **familiar** ese nombre. Philo
Farnsworth realizó un **invento**
muy popular. Inventó la
televisión moderna. Tenía tan
solo catorce años cuando tuvo
la idea.

Detente   Piensa   Escribe

VOCABULARIO

¿Qué <u>invento</u> hizo Philo Farnsworth?

_____

_____

_____

Muchacho granjero

Philo nació en Utah en 1906. Durante sus años allí, ayudó a su familia en las tareas de la granja.

La familia de Philo se mudó a una granja de Idaho cuando Philo era un adolescente. Un día encontró unas cosas en el altillo. Encontró unas revistas científicas que cambiarían su vida para siempre.

Detente **Piensa** **Escribe**

INFERIR Y PREDECIR

Predice cómo las revistas cambiaron la vida de Philo.

_____

_____

_____

La idea de Philo

Philo leyó las revistas y aprendió sobre unas cosas llamadas electrones. También leyó sobre una nueva idea. La idea consistía en emplear estos electrones para transmitir imágenes por el aire.

Un día, Philo se encontraba arando unos terrenos, mientras pensaba en los electrones. De pronto, se preguntó si estos podrían ir como un arado, para adelante y para atrás. ¡Tal vez los electrones pudiesen leer imágenes línea por línea! Esa era una nueva idea.

Detente Piensa Escribe

CAUSA Y EFECTO

¿De qué forma arar la tierra ayudó a Philo a tener una nueva idea sobre los electrones?

La televisión de esa época era distinta a la actual. Una clase de televisión mostraba una imagen en la pared. Pero Philo tenía una nueva idea. Quería fabricar un tubo de electrones. Este tubo produciría imágenes al disparar electrones a una pantalla especial.

Philo trabajó mucho en su idea, probando un **experimento** tras otro. Algunos de sus profesores lo ayudaron en su intento de fabricar el tubo. Cuanto más experimentaban, más aprendían.

Detente   Piensa   Escribe

¿Por qué crees que Philo tuvo que realizar más de un experimento?

_____

_____

_____

¡Por fin, el éxito!

Pasado un tiempo, el tubo estaba listo para ser probado. Philo intentó transmitir una imagen. ¿Te imaginas qué imagen transmitió? Se trataba del símbolo del dólar.

¡El tubo había funcionado! Philo había transmitido una imagen de televisión, igual que las que vemos actualmente. Y solo tenía veintiún años. Tras **investigar** y probar su idea, lo había logrado: su investigación había tenido éxito. Acababa de fabricar un nuevo tipo de televisión.

Detente Piensa Escribe

IDEA PRINCIPAL Y DETALLES

¿De qué manera el modo de investigar y experimentar de Philo lo condujo al éxito?

_____

_____

_____

La televisión se populariza

La televisión se hacía cada vez más popular. Una gran compañía anunció que había inventado un nuevo tubo de electrones. Pero un tribunal dijo que Philo había sido el inventor de este nuevo **artefacto**.

Con el paso del tiempo, Philo descubrió que no siempre le gustaba la televisión. Pensaba que había muchos programas malos, aunque también se mostraban sucesos importantes. En 1969, Philo pudo ver al primer hombre caminar por la Luna. Anteriormente, solo podría haber leído la noticia.

Detente   Piensa   Escribe

CAUSA Y EFECTO

¿Cómo cambió la televisión la forma de enterarse de las noticias?

_____

_____

_____

Un gran inventor

Philo realizó otros inventos. Ayudó a crear el radar. Ideó una máquina usada por los hospitales para ayudar a los bebés. Descubrió nuevas formas de llevar la electricidad a las casas. ¡Hizo más de 300 inventos!

Philo Farnsworth murió en 1971. Actualmente, casi todos los hogares tienen una televisión. Una revista consideraba que Philo había sido una de las personas más importantes del siglo XX. ¿Tú estás de acuerdo?

Detente   Piensa   Escribe

IDEA PRINCIPAL Y DETALLES

¿Por qué se puede considerar que Philo fue un gran inventor?

_____

_____

_____

_____

1 ¿Cómo surgió el interés de Philo por la ciencia?

Pista

Busca pistas en las páginas 265 y 266.

_____

_____

_____

2 ¿Por qué fue Philo crítico con la televisión?

Pista

Busca pistas en la página 269.

_____

_____

_____

3 ¿Piensas que Philo quería ayudar a la gente? ¿Por qué?

Pista

Busca pistas en la página 270.

_____

_____

_____

¡Hazte un detective de la lectura!

Vuelve a

"El cruce de Norteamérica a pie"
Revista del estudiante,
págs. 22–29

1 ¿Cuál es la idea principal en la página 12 de "El cruce de Norteamérica a pie"?

☐ Cincuenta y cinco corredores finalizaron la carrera.

☐ Los corredores tuvieron que correr veinte millas adicionales.

☐ Uno de los días, los corredores corrieron setenta y cinco millas.

¡Pruébalo! ¿Qué evidencia de la selección apoya tu respuesta? Marca las casillas. ✔ Toma notas.

Evidencia	Notas
☐ una oración que indica la idea principal	
☐ detalles que apoyan la idea principal	
☐	

¡Escríbelo!

IDEA PRINCIPAL Y DETALLES DE APOYO

Responde a la pregunta **1** usando evidencia del texto.

_____

_____

_____

2 **¿Por qué participó Andy Payne en el cruce a pie?**

☐ Su amigo John Salo lo alentó para que participara.

☐ Quería ganar dinero para ayudar a sus padres.

☐ otro _____

¡Pruébalo! ¿Qué evidencia de la selección apoya tu respuesta? Marca las casillas. ☑ Toma notas.

Evidencia	Notas
☐ sucesos de la década de 1920	
☐ detalles sobre la carrera	
☐ detalles sobre Andy Payne	

¡Escríbelo!

CAUSA Y EFECTO

Responde a la pregunta **2** usando evidencia del texto.

_____

_____

_____

_____

_____

_____

cumbre

empinado

ladera

paisaje

textura

Montañas

1 El **paisaje** es precioso. Puedes ver las montañas, los bosques e incluso un río.

Describe el tipo de paisaje que más te gusta.

_____

_____

_____

2 Las montañas son **empinadas**. Es difícil llegar hasta arriba.

Nombra algo, distinto de una montaña, que sea empinado.

_____

_____

_____

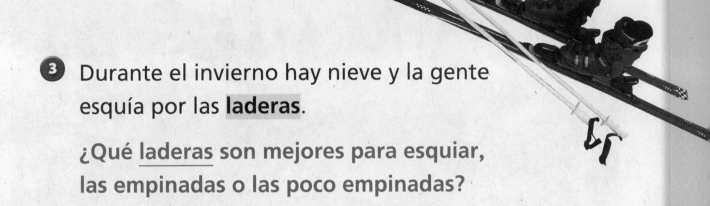

3 Durante el invierno hay nieve y la gente esquía por las **laderas**.

¿Qué <u>laderas</u> son mejores para esquiar, las empinadas o las poco empinadas?

_____

4 ¡Mira esa **cumbre**! La nieve cubre casi toda la montaña.

Escribe un sinónimo de <u>cumbre</u>.

_____

5 La nieve y el hielo tienen diferentes **texturas**. Hay nieve ligera y esponjosa, mientras que el hielo es duro y liso.

Compara las <u>texturas</u> del papel de lija y de la seda.

_____

_____

_____

Escalada por las laderas

por Mia Lewis

Es un día soleado en las Montañas Verdes. Un grupo de estudiantes llega al alojamiento de montaña. El **paisaje** es precioso.

—¡Hola! —saluda un joven—. Yo soy Javier. Ella es Karen. Vamos a enseñarles a escalar en roca. También les vamos a enseñar a orientarse en el bosque. ¡Van a divertirse mucho esta semana!

Detente **Piensa** **Escribe**

HECHOS Y OPINIONES

Javier dice: "¡Van a divertirse mucho esta semana!". ¿Es eso un hecho o una opinión? Explica tu respuesta.

_____

_____

_____

El grupo se reúne dentro de un edificio. El edificio tiene una pared de escalada, semejante a una pared de roca. Además, la pared tiene diferentes **texturas**.

—Hay mucho que aprender —dice Karen—. Así que lo primero que vamos a hacer es practicar la escalada.

—Esa pared es demasiado **empinada** —dice Teo.

—No te preocupes. Lo harás bien —contesta Javier—. Solo tienes que practicar un poco.

Detente Piensa Escribe

¿Qué <u>texturas</u> distintas puede tener una roca?

_____

_____

_____

Los muchachos salen afuera y caminan por un sendero. En un claro del bosque comen su almuerzo. Tienen hambre y la comida está muy sabrosa. Karen clava un palo en el suelo.

—¿Qué haces? —pregunta Maya.

—Voy a averiguar dónde está el norte, el este, el sur y el oeste —contesta.

—Para eso es mejor mi celular. Puede indicar el lugar donde estamos. Tiene mapas —dice Teo.

Detente   Piensa   Escribe

CONCLUSIONES Y GENERALIZACIONES

¿Qué piensas que iba a hacer Karen con el palo que clavó en el suelo?

_____

_____

—Tu teléfono no nos puede decir dónde está el norte —dice Karen.

—Al teléfono también se le puede agotar la batería —dice Latoya—. Y entonces ya no sirve para nada.

—Podemos emplear el sol para saber las direcciones —dice Karen—. ¿Ven la sombra del palo? Marquemos el extremo de la sombra con un guijarro. Y, ahora, esperemos un poco.

Detente   Piensa   Escribe

ESTRUCTURA DEL CUENTO

¿Por qué no pueden usar los muchachos el celular de Teo para averiguar la dirección?

_____

_____

_____

Diez minutos después vuelven a mirar el palo. La sombra se ha movido, así que Karen coloca un guijarro donde está el extremo de la sombra ahora. Luego, traza una línea entre los dos guijarros.

—La sombra se movió porque se movió el sol —dice Karen—. El sol se desplaza hacia el oeste, así que la sombra se desplaza hacia el este. Sabemos hacia dónde se movió la sombra. Por tanto, sabemos dónde está el este. ¡Ahora podemos seguir en cualquier dirección que nos indiquen!

Detente   Piensa   Escribe

CAUSA Y EFECTO

¿Por qué se desplaza la sombra del palo?

_____

_____

_____

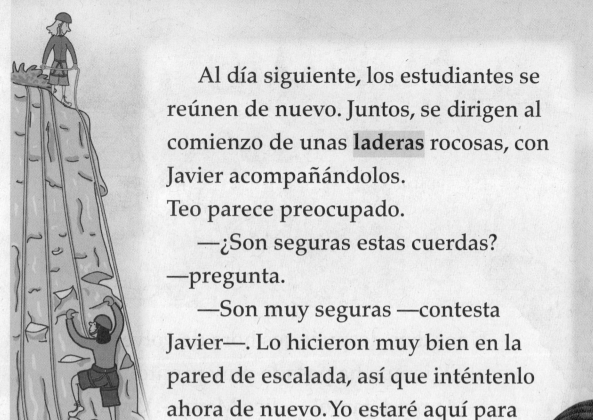

Al día siguiente, los estudiantes se reúnen de nuevo. Juntos, se dirigen al comienzo de unas **laderas** rocosas, con Javier acompañándolos. Teo parece preocupado.

—¿Son seguras estas cuerdas? —pregunta.

—Son muy seguras —contesta Javier—. Lo hicieron muy bien en la pared de escalada, así que inténtenlo ahora de nuevo. Yo estaré aquí para ayudarlos.

Detente **Piensa** **Escribe**

VOCABULARIO

¿Qué tipo de cosas pueden hacer las personas en las <u>laderas</u> de las montañas?

_____

_____

_____

Unos días después, ¡es hora de volver a casa! El tiempo ha pasado muy pronto.

—¡Aprendí tanto! —dice Maya—. Voy a echar de menos este campamento.

—Nosotros también te echaremos de menos —dice Karen.

—Ojalá tuviese tiempo para una última escalada —dice Teo—. ¡Siento como si pudiese llegar a la **cumbre** de la montaña!

—Entonces tendrás que regresar pronto —se despide Javier.

Detente Piensa **Escribe**

CONCLUSIONES Y GENERALIZACIONES

¿Qué conclusión puedes sacar sobre cómo la pasaron los estudiantes en el campamento?

_____

_____

_____

Vuelve a leer y responde

1 ¿Teo es atrevido o cauteloso en el cuento?

Pista

Busca pistas en las páginas 275 y 279.

_____

_____

2 ¿Es práctico depender de un teléfono celular en el bosque? ¿Por qué?

Pista

Busca una pista en la página 277.

_____

_____

_____

3 Nombra una persona del cuento que generalmente expresa hechos. Escribe uno de los hechos que expresa.

Pista

Un hecho es algo que se puede comprobar.

_____

_____

_____

¡Hazte un detective de la lectura!

Vuelve a

"El patito curioso"
Revista del estudiante,
págs. 36–41

1 ¿Qué opinión puedes apoyar con hechos del texto?

☐ A los patos les gusta aprender idiomas.

☐ A los patos no les gusta el frío.

☐ Todas las escuelas para patos son diferentes.

¡Pruébalo! ¿Qué evidencia de la selección apoya tu respuesta? Marca las casillas. ☑ Toma notas.

Evidencia	Notas
☐ detalles del viaje de los patos	
☐ detalles del idioma de los patos	
☐ las ilustraciones	

¡Escríbelo!

HECHO Y OPINIÓN

Responde a la pregunta **1** usando evidencia del texto.

_____

_____

_____

_____

2 **¿Qué suceso ocurrió más recientemente?**

☐ El patito aprendió el idioma de los gatos.

☐ El patito conoció a un pato francés.

☐ El patito encontró a su familia.

¡Pruébalo! ¿Qué evidencia de la selección apoya tu respuesta? Marca las casillas. ☑ Toma notas.

Evidencia	Notas
☐ lo que hizo el patito después de perderse	
☐ lo que le dice la rana al patito	
☐ palabras distintivas	

¡Escríbelo!

SECUENCIA DE SUCESOS

Responde a la pregunta **2** usando evidencia del texto.

_____

_____

_____

_____

_____

✓ **VOCABULARIO CLAVE**

ganar

compañeros

atleta

tenso

éxito

Trabajo duro y diversión

Un **atleta** es alguien que practica un deporte. Los jugadores de fútbol son atletas, al igual que los jugadores de tenis. Los atletas se entrenan mucho para tener **éxito**. Van a los entrenamientos y a los partidos, esforzándose en cada momento.

Todo adversario quiere **ganar** la competencia, ¡pero no siempre puede ganar el mismo! Todo el mundo tiene días buenos y días malos.

El último partido de la temporada es el del campeonato, el más **tenso**, donde juegan los dos mejores equipos. La muchedumbre apoya a los equipos y a sus **compañeros**. Un grupo de aficionados apoya a un equipo y otro grupo apoya al otro.

1. El último partido del campeonato es el más _____ de la temporada.

2. Una persona que practica un deporte es un _____.

3. Los atletas se entrenan mucho para tener _____.

4. ¿Cómo ayuda a tus _____ de equipo que los apoyen durante el partido?

5. ¿Cuándo es posible que un adversario no quiera <u>ganar</u>?

_____

_____

_____

Gacela Joyce

por Mia Lewis

Joyce tenía un hermano mayor. Se llamaba Roy y la llevaba en carro todos los días a la escuela. Cuando llegaban, siempre le decía lo mismo:

—¡Hasta luego, tortuguita!

Esto comenzaba a molestar a Joyce. Se había apuntado al equipo de atletismo. ¡Su entrenadora desde luego que no la consideraba una tortuguita!

Detente Piensa Escribe

COMPRENDER A LOS PERSONAJES

¿Cómo actúa Roy con Joyce?

_____

_____

_____

284

Joyce le contó a su amiga Leslie lo que le pasaba con su hermano.

—Roy es el editor de deportes del periódico de la escuela —dijo Leslie—. Voy a escribir unos artículos sobre el equipo. Te voy a poner un mote y diré que eres una gran **atleta**. Roy no sabrá que eres tú. Pero una vez que lo averigüe, se dará cuenta de que no eres ninguna tortuguita.

—¡Eso suena muy divertido! —dijo Joyce sonriendo.

Detente Piensa Escribe

CAUSA Y EFECTO

¿Cómo podría ayudar el plan de Leslie a cambiar la opinión que Roy tiene de Joyce?

_____

_____

_____

Leslie le contó sus planes al equipo.

—De ahora en adelante —dijo—, Joyce será GJ, es decir, Gacela Joyce, por lo rápidas que son ella y las gacelas. ¡Pero no se lo digan a Roy!

—¡Tu secreto está seguro con nosotras! —contestaron Meg y Rita.

—¡Joyce, ahora solo tienes que correr muy rápido! —dijo Leslie—. De esa forma, nuestro plan tendrá éxito.

—¡Lo intentaré! —contestó Joyce.

Detente Piensa Escribe

INFERIR Y PREDECIR

¿Por qué le cuenta Leslie el plan a las demás compañeras de equipo?

_____

_____

_____

GJ ENTRA EN EL EQUIPO

por Leslie Chin

Todo el mundo conoce el rumor que corre por la escuela. ¿De qué estoy hablando? Pues hablo del equipo de atletismo femenino. ¡Son ultrarrápidas! Es probable que incluso lleguen al campeonato. La estrella emergente es GJ.

GJ es la líder del equipo. ¡Siempre quiere **ganar!**

Detente   Piensa   Escribe

VOCABULARIO

¿Cuál es la diferencia entre un adversario y el **ganador** de un juego?

_____

_____

_____

—¡Ahora tengo que ganar! —dijo Joyce, muy **tensa**.

—No te preocupes —la animó Leslie—. Simplemente, no le cuentes a Roy lo rápida que eres. ¡Se va a sorprender mucho!

Justo en ese momento, Roy se acercó a su mesa.

—¿Quién es GJ? —preguntó.

—¿De verdad no lo sabes? —contestó Meg—. ¡Todos saben quién es GJ!

Detente   Piensa   Escribe

CONCLUSIONES Y GENERALIZACIONES

¿Cómo sabes que Joyce es una corredora rápida?

_____

_____

_____

DEPORTES

Entrenadora de atletismo predice la victoria

por Leslie Chin

¡Prepárense para una gran victoria! Nuestro equipo de atletismo femenino tiene buena pinta. GJ va a arrasar en la pista. ¡Todos sus **compañeros** la apoyan!

La entrenadora también está contenta. No por nada dijo: "Creo que GJ nos va a llevar a la victoria".

—Cómo me gustaría contárselo a Roy —dijo Joyce—. Él se cree que soy suplente.

—Tú corre y olvídate del resto —le dijo Leslie.

> **Detente** **Piensa** **Escribe**
>
> VOCABULARIO
>
> ¿Qué quiere decir Leslie cuando escribe que todos sus compañeros apoyan a GJ?
>
> _____
>
> _____
>
> _____

Y entonces llegó el momento del inicio de la siguiente carrera. Joyce llevó al equipo a una gran victoria.

—¿Sabías que GJ es una abreviatura de Gacela Joyce? —le preguntó Leslie a Roy.

—Ya lo veo —dijo Roy sonriendo—. Jamás te volveré a llamar "tortuguita". ¡Te lo prometo!

Joyce se sentía feliz. Leslie escribió un artículo sobre la carrera para el que escogió el siguiente titular: "¡Equipo ganador recibe el aplauso de Roy!".

Detente   Piensa   Escribe

COMPRENDER A LOS PERSONAJES

¿Cómo se siente Joyce ahora?

_____

_____

_____

Vuelve a leer y responde

1 ¿Cómo molesta Roy a Joyce?

_____

_____

_____

Pista

Busca pistas en la página 284.

2 Escribe dos palabras que describan a Leslie.

_____

_____

Pista

Piensa en el plan de Leslie y en sus artículos.

3 Escribe tres palabras que describan a Roy.

_____

_____

_____

Pista

Piensa en cómo actúa Roy al principio y al final.

4 Escribe tu propio titular para el último artículo de Leslie.

_____

_____

Pista

Piensa en lo que pasa en el cuento.

¡Hazte un detective de la lectura!

Vuelve a

"Convertirse en todo lo que quiere ser"
Revista del estudiante,
págs. 48–55

1 **¿Qué opinión puedes apoyar con hechos del texto?**

☐ Practicar deportes es demasiado difícil para los ciegos.

☐ Una persona ciega puede hacer cualquier cosa.

☐ Es asombroso lo que una persona ciega puede lograr.

¡Pruébalo! ¿Qué evidencia de la selección apoya tu respuesta? Marca las casillas ✓ Toma notas.

Evidencia	Notas
☐ detalles de Erik cuando era niño	
☐ detalles de Erik de adulto	
☐ fotos y pies de fotos	

¡Escríbelo!

HECHO Y OPINIÓN

Responde a la pregunta **1** usando evidencia del texto.

_____

_____

_____

_____

2 **¿Qué suceso ocurrió más recientemente?**

☐ Erik sube al monte Everest.

☐ Erik enseña alrededor del mundo.

☐ Erik se convirtió en el capitán del equipo de lucha.

¡Pruébalo! ¿Qué evidencia de la selección apoya tu respuesta? Marca las casillas. ☑ Toma notas.

Evidencia	Notas
☐ lo que Erik hizo en la escuela	
☐ lo que Erik hace ahora	
☐ las aventuras de Erik	

¡Escríbelo!

ESTRUCTURA DEL CUENTO

Responde a la pregunta **2** usando evidencia del texto.

_____

_____

_____

_____

_____

_____

✓ **VOCABULARIO CLAVE**

aplauso

ciertamente

costear

recaudar

preocupado

Recaudar dinero para un amigo

Era el cumpleaños de mi amiga Rosa. A Rosa le encanta dibujar. Eddie y yo queríamos regalarle unos crayones, pero no podíamos **costear** la compra. Estábamos **preocupados**. ¿Qué podíamos hacer?

Entonces, decidimos **recaudar** dinero. Nos pusimos a vender limonada. ¡Estaba deliciosa! **Ciertamente**, tuvimos muchos clientes. Y ganamos bastante dinero también.

Eddie y yo compramos los crayones. Rosa se puso a aplaudir cuando los vio. No es que compráramos los crayones para recibir **aplausos**. Nosotros solamente queríamos contentar a Rosa y verla feliz.

1. Eddie y yo no podíamos

   _____ la compra de los

   crayones.

2. Estábamos _____ porque no

   teníamos dinero.

3. No compramos el regalo para recibir

   _____.

4. Escribe algo que <u>ciertamente</u> harás el
   próximo verano.

   _____

   _____

   _____

5. ¿Qué cosas puedes hacer para <u>recaudar</u>
   dinero?

   _____

   _____

   _____

Los Cohetes

por Candyce Norvell

Era el comienzo de la temporada. Gema, el entrenador, estaba dando una charla al equipo.

—Hay tres cosas que necesitamos para ser un equipo ganador —dijo—. Necesitamos entrenamiento. Necesitamos disciplina. Necesitamos juego en equipo. Quiero que todos ustedes trabajen en equipo y no traten de ser estrellas individuales. Recuerden: "En el equipo no cabe el *yo*".

Detente   Piensa   Escribe

CONCLUSIONES Y GENERALIZACIONES

¿Por qué quiere Gema, el entrenador, que recuerden los Cohetes que en el *equipo* no cabe el *yo*?

_____

_____

_____

El equipo se entrenó mucho en las prácticas. Al poco tiempo, ya funcionaban bien como equipo. ¡Incluso ganaron su primer juego!

El entrenador estaba orgulloso. Pero luego oyó presumir a algunos miembros del equipo.

—Recuerden lo que les dije: "En el equipo no cabe el *yo*".

Detente Piensa Escribe

HECHOS Y OPINIONES

¿Cuál es la opinión de Gema, el entrenador, sobre el equipo?

Un día, Emily le dio a Lupe una mala noticia. Emily tenía que dejar el equipo.

—Mi mamá está enferma —dijo Emily—. Mi familia me necesita en casa. Todos tenemos que ayudar ahora, porque no podemos **costear** contratar a alguien.

—El equipo te echará mucho de menos —dijo Lupe—. Eres una gran jugadora.

Lupe le contó al equipo lo que le pasaba a Emily.

—Estoy **preocupado** por Emily y su familia —dijo Will—. ¿Cómo puede ayudar el equipo?

Detente   Piensa   Escribe

¿Por qué está <u>preocupado</u> Will?

_____

_____

_____

—Yo conozco un grupo que se dedica a ayudar a familias —dijo Anders—. Tal vez podamos **recaudar** dinero para ese grupo.

—Esa es una idea fantástica —dijo el entrenador—. ¿Qué podríamos hacer?

—¿Qué les parece lavar carros? —dijo Sovann—. Podríamos hacerlo este fin de semana.

El equipo entero estuvo de acuerdo con la propuesta.

¡Colabore!
Lavado de carros
Este sábado
Lavado y secado
$3.00

Detente   Piensa   Escribe

HECHOS Y OPINIONES

El entrenador dijo: "Esa es una idea fantástica". ¿Es eso un hecho o una opinión? Explica tu respuesta.

_____

_____

_____

El equipo compró el sábado los materiales necesarios y estuvo todo el día lavando carros. Recaudaron un montón de dinero. Luego, donaron el dinero al grupo que iría a ayudar a la familia de Emily.

Gema, el entrenador, estaba muy orgulloso de los Cohetes.

—Se acordaron de que en el equipo no cabe el *yo* —dijo.

—Quizá podamos ganar más dinero. Hagámoslo de nuevo el fin de semana que viene —dijo Anders.

Detente   Piensa   Escribe

INFERIR Y PREDECIR

¿Qué piensas que harán los Cohetes a continuación?

_____

_____

_____

Al término de la temporada, los Cohetes asistieron a la cena de deportes de la escuela.

—Quedan dos premios por conceder todavía —anunció la directora—. Uno de los premios es para el equipo que recaudó dinero para ayudar a alguien. Y el otro es para los participantes en el mejor trabajo en equipo. ¡Ambos premios son para los Cohetes! Ellos recordaron que en el equipo no cabe el *yo*.

Todo el mundo los ovacionó. Los Cohetes se levantaron entre **aplausos**, orgullosos de lo que habían hecho.

Detente Piensa Escribe

VOCABULARIO

¿Cuál es otra expresión para <u>aplauso</u>?

_____

_____

_____

Unos días después, los miembros del equipo salieron a comer pizza.

—¡Yo quiero aceitunas! —dijo Anders.

—¡Yo quiero queso extra! —dijo Lupe.

—¡Y yo quiero pimientos picantes! —dijo Sovann.

—¡Sin pimientos! ¡Y con salchicha! —dijo Will.

—¡Oigan! —gritó el entrenador entre el barullo—. ¿Qué pasó con el trabajo en equipo?

—Entrenador —dijo Will—, en el equipo no cabe el *yo*. ¡Pero **ciertamente** sí que cabe en la pizzería!

Detente   Piensa   Escribe

HECHOS Y OPINIONES

¿Qué opina el entrenador sobre el comportamiento de los miembros del equipo en la pizzería?

_____

_____

_____

1 ¿Cómo sabes que Lupe es buena amiga de Emily?

Pista

Busca pistas en la página 296.

_____

_____

_____

2 Will dice que está preocupado por Emily. ¿Eso es un hecho o una opinión?

Pista

Un hecho se puede probar.

_____

_____

_____

3 En la cena de deportes, ¿qué premio se basa en un hecho? ¿Qué premio se basa en una opinión?

Pista

Recuerda que un hecho se puede probar. Una opinión es un pensamiento, sentimiento o creencia.

_____

_____

_____

¡Hazte un detective de la lectura!

"¡Qué sueño!"
Revista del estudiante,
págs. 64–71

1 **¿Qué descubrimos sobre el sueño?**

☐ Los bebés no necesitan dormir.

☐ Dormir es muy importante.

☐ Los automóviles tienen sueño.

¡Pruébalo! ¿Qué evidencia del texto apoya tu respuesta? Marca las casillas. ☑ Toma notas.

Evidencia	Notas
☐ detalles sobre los beneficios de dormir	
☐ la foto del niño y la computadora	
☐	

¡Escríbelo!

CONCLUSIONES

Responde a la pregunta **1** usando evidencia del texto.

_____

_____

_____

_____

2 **¿Por qué entre los 5 y 12 años hay que dormir de 10 a 11 horas?**

- ☐ para tener menos hambre
- ☐ para tener buena concentración
- ☐ para no enfermarse

¡Pruébalo! ¿Qué evidencia del texto apoya tu respuesta? Marca las casillas. ☑ Toma notas.

Evidencia	Notas
☐ detalles sobre no descansar bien	
☐ el recuadro "Notas para recordar"	
☐	

¡Escríbelo!

CAUSA Y EFECTO

Responde a la pregunta 2 usando evidencia del texto.

_____

_____

_____

_____

Estrategia de resumir

Puedes **resumir** lo que lees.

- Di las ideas importantes en tus propias palabras.

- Di las ideas en un orden que tenga sentido.

- Conserva el significado del texto.

- Usa solo unas cuantas oraciones.

Estrategia de analizar/ evaluar

Puedes **analizar** y **evaluar** un texto. Piensa cuidadosamente en lo que has leído. Opina sobre ello.

1. Piensa en el texto y en el autor.

   • ¿Qué hechos e ideas son importantes?

   • ¿Qué quiere el autor que tú sepas?

2. Decide qué es importante. Después, da tu opinión.

   • ¿Qué piensas sobre lo que has leído?

   • ¿Estás de acuerdo con las ideas del autor?

Estrategia de inferir/predecir

Usa pistas para averiguar lo que el autor no te dice en el texto. De esta manera, estás haciendo una **inferencia**.

Usa pistas para averiguar lo que pasará después. De esta manera, estás haciendo una **predicción**.

Estrategia de verificar/aclarar

Verifica lo que lees. Asegúrate de que tiene sentido.

Busca una manera de comprender lo que no tiene sentido.

• Vuelve a leer.

• Sigue leyendo.

• Haz preguntas.

Estrategia de hacerse preguntas

Hazte **preguntas** mientras lees. Busca las respuestas.

Algunas preguntas que te puedes hacer:

- ¿Qué quiere decir el autor?

- ¿Sobre qué o quién es este texto?

- ¿Por qué sucedió esto?

- ¿Cuál es la idea principal?

Estrategia de visualizar

Puedes **visualizar**.

- Crea imágenes en tu mente mientras lees.

- Usa las palabras del texto para ayudarte.

- Crea imágenes de gente, lugares, cosas y acciones.